7日でできる！

数的推理
判断推理
過去問ベスト

公務員試験専門
喜治塾

編著

高橋書店

本書の特長と使い方

本書は、公務員試験の教養試験で出題される「**数的推理**」「**判断推理**(空間把握を含む)」の問題集です。教養試験の中でも出題数が多いこれらの科目を攻略することはとても重要です。

これらの領域の中でも頻出分野、解法が決まっていてそれさえ知っておけば解ける問題を中心にセレクトして、詳細な解説をつけました。

本書は**7日間で完成**させられるように構成しています。たった7日ですが、集中して本書に取り組むことで、頻出の問題、定番の問題を把握することができます。

※試験によっては科目名を「空間把握」「図形」などというときもありますが、対応・位置・順序関係などと合わせて、本書では「判断推理」としています。

本書の使い方

この分野の問題が得意な人

本書で扱っている「数的推理」「判断推理」の問題が得意な人は、とにかく全問解いて、答え合わせをしてください。解けなかった問題、間違えた問題は解説を見て、しっかり確認をしておきましょう。

この分野の問題が苦手な人

「数的推理」「判断推理」は、「数学」が苦手な人には手ごわい問題も多く含まれています。まずは1問、1問しっかりと確実に自分のものにしていくことが重要です。1問に30分〜1時間かけてもよいので、しっかりと理解するようにしましょう。解説で記した解法を順に追いながら確実にマスターしてください。

苦手分野の問題は解法をしっかりと覚えよう!

「判断推理」「数的推理」の出題傾向

公務員試験の教養試験では、日本史・世界史・地理・思想、物理・化学・生物・地学などの**知識分野**と、「数的推理」「判断推理」などの**知能分野**から出題されます。

どの公務員試験を受験するかによって多少出題数は異なりますが、多くはほぼ下記のような傾向になっています（下記は東京23区〈特別区１類〉の採用試験。「数的推理」を「数的処理」と表記するときもありますが、内容は同じです）。

教養試験 （2時間）	一般教養についての**5肢択一式**（48題中40題解答） ①知能分野（28題必須解答） 　文章理解（英文含む）、判断推理、数的処理、資料解釈及び空間把握 ②知識分野（20題中12題選択解答） 　人文科学4題……倫理・哲学、歴史及び地理 　社会科学4題……法律、政治及び経済 　自然科学8題……物理、化学、生物及び地学 　社会事情4題……社会事情

「判断推理」「数的推理」「空間把握」は**各4題**、**計12題**となっており、全体の中で占める割合も大きいため、ここをしっかりと押さえることが合格するのに重要です。

対　策

どんな問題が出ているのかを把握する

「判断推理」「数的推理」「空間把握」という科目は、大学受験までは聞かなかったかもしれません。毎年同じ問題が出題されるわけではありませんが、10年くらいのスパンでみるとだいたいの傾向はつかめます。

頻出問題の解法をマスターしておく

本書では、繰り返し出題されており、かつ、その中でも勉強をしておいたほうがよい問題をセレクトしています。本書の内容をしっかりとマスターすれば、代表的な問題の解法が身につくようになっています。

中学数学のおさらい

　教養試験の出題科目である数的推理・判断推理では、数学の知識が必要になります。といっても、必要となるのはほんの少しですから、安心してください。「すっかり忘れてしまった」という人のために、公務員試験に必要な事項を厳選してまとめたので、おさらいしておきましょう。

1 整数・自然数

$$\cdots\cdots -3,\ -2,\ -1,\ 0,\ 1,\ 2,\ 3\ \cdots\cdots$$

←──負の整数──|　　　|──正の整数──→
　　　　　　　　　　　　　　　＝
　　　　　　　　　　　　　　自然数

2 素数・素因数分解

●**素数**……1とその数自身のほかに約数（割り切る数）がない整数
　・小さい順に 2、3、5、7、11、13 ……

> 1は素数ではありません。

●**素因数分解**……整数を素数の掛け算で表わすこと
　・12を素因数分解すると 2×2×3
　・30を素因数分解すると 2×3×5

●**正の整数Nの素因数分解の方法**
　①Nを小さい素数から順に割る
　②答えが素数になるまで割り続ける
　③割った素数すべてと最後の答えを掛ける

(例)72を素因数分解する

$$2\ )\ 72$$
$$2\ )\ 36$$
$$2\ )\ 18 \qquad 72 = 2 \times 2 \times 2 \times 3 \times 3 = 2^3 \times 3^2$$
$$3\ )\ \ 9$$
$$3$$

3 約数・公約数

●**約数**……ある整数Nを割り切ることのできる整数

(例)12の約数……1、2、3、4、6、12　の6個

$$12 \div \square = \bigcirc$$
　　　約数

●**公約数**……2つ以上の整数に共通する約数

(例)12と18の公約数
・12の約数……①、②、③、4、⑥、12 ┐ 1、2、3、6は
・18の約数……①、②、③、⑥、9、18 ┘ 公約数

4 倍数・公倍数

●**倍数**……ある数aを整数倍した数

(例)3の倍数……3、6、9、12、15……
　　　　　　　 3×1 3×2 3×3 3×4 3×5

●**公倍数**……2つ以上の整数に共通する倍数

(例)4と6の公倍数……下記のとおり12、24、36……
・4の倍数……4、8、⑫、16、20、㉔、28、32、㊱……
・6の倍数……6、⑫、18、㉔、30、㊱、42、48、54……
　　 最小公倍数……12　　　 12×2　　 12×3

公倍数のうち最も小さい数を最小公倍数という
公倍数は最小公倍数の倍数となる

公倍数の考え方は
よく使うので
覚えよう！

●**最小公倍数の求め方**……2つの整数を共通して割り切る素数で割って
いき、共通して割り切れる数がなくなったら、外側の数を全部掛ける
（例）24と36の最小公倍数

$$\begin{array}{r|cc} 2 & 24 & 36 \\ 2 & 12 & 18 \\ 3 & 6 & 9 \\ \hline & 2 & 3 \end{array}$$

$2 \times 2 \times 3 \times 2 \times 3 = \underline{72}$

最小公倍数

5 四則計算

●足し算・引き算

・ $-4 + (-6) = -4 - 6 = -10$

・ $15 - (+8) = 15 - 8 = 7$

カッコの前後の符号が異なる場合は
カッコをはずすと「ー」

・ $13 - (-12) = 13 + 12 = 25$

カッコの前後の符号が同じ場合はカッ
コをはずすと「＋」

●掛け算

・ $4 \times (-7) = -28$

・ $(-6) \times (-8) = 48$

┌掛け算のプラス・マイナス─────
│ $(+) \times (+) = (+)$　　$(+) \times (-) = (-)$
│ $(-) \times (-) = (+)$　　$(-) \times (+) = (-)$

●割り算

・ $36 \div (-4) = -9$

・ $-36 \div (-4) = 9$

┌割り算のプラス・マイナス─────
│ $(+) \div (+) = (+)$　　$(+) \div (-) = (-)$
│ $(-) \div (-) = (+)$　　$(-) \div (+) = (-)$

●計算の優先順位

・ $4 + 5 \times 3 = 4 + 15 = 19$

・ $20 - 8 \div 4 = 20 - 2 = 18$

足し算・引き算より掛け算・割り算を優先
して計算する

●カッコの計算

・ $3(x+4) = 3x + 12$

・ $-5(x-2) = -5x + 10$

カッコの外の数字を
カッコの中の数字すべてに掛ける

$2(x+3) = 2x + 2 \times 3 = 2x + 6$

●分数の計算

・ $\dfrac{1}{5} + \dfrac{3}{8} = \dfrac{1}{5} \times \dfrac{8}{8} + \dfrac{3}{8} \times \dfrac{5}{5} = \dfrac{8}{40} + \dfrac{15}{40} = \dfrac{23}{40}$

足し算・引き算は
分母を通分する

$$\cdot \frac{1}{5} \times \frac{3}{8} = \frac{1 \times 3}{5 \times 8} = \frac{3}{40}$$

分数の掛け算は
分母どうし、分子どうしで掛ける

$$\cdot \frac{1}{5} \div \frac{3}{8} = \frac{1}{5} \times \frac{8}{3} = \frac{8}{15}$$

分数の割り算は「÷」の後ろの分数を
上下逆にして掛け算する

6 方程式

（1）　　$6x - 5 = 4x + 3$

　　　　$6x - 4x = 3 + 5$ ……　文字の項を左辺に、
　　　　　　　　　　　　　　　数の項を右辺に移項する

　　　　　　$2x = 8$

　　　　　　　$x = 4$

（2）　　　$3(7x + 4) = 8(2x + 9)$

　　　$3 \times 7x + 3 \times 4 = 8 \times 2x + 8 \times 9$ ……　まずカッコをはずす

　　　　　　$21x + 12 = 16x + 72$

　　　　　$21x - 16x = 72 - 12$ ……　次に、移項して整理する

　　　　　　　　　$5x = 60$

　　　　　　　　　$x = 12$

7 連立方程式

$$\begin{cases} x + y = 7 & \cdots\cdots ① \\ 2x + 5y = 13 & \cdots\cdots ② \end{cases}$$

両式のx（もしくはy）の係数をそろえて、
x（もしくはy）を消去し、
y（もしくはx）についての方程式を解く

①式を2倍にする

　　$2 \times (x + y) = 2 \times 7$

　　$2x + 2y = 14$ ……①'

①'－②

$$\begin{array}{r} 2x + 2y = 14 \ \cdots\cdots ①' \\ -)\ \underline{2x + 5y = 13 \ \cdots\cdots ②} \\ -3y = 1 \end{array}$$

よって、$y = -\dfrac{1}{3}$

これを①式に代入すると

$$x + \left(-\frac{1}{3}\right) = 7$$

$$x = 7 + \frac{1}{3}$$

$$x = \frac{21 + 1}{3} = \frac{22}{3}$$

8 三角形

(1)面積

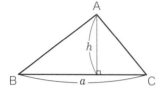

$$\triangle \text{ABC の面積} = a \times h \times \frac{1}{2}$$

(2)三平方の定理

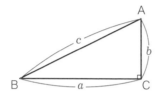

直角三角形の場合、
三辺の長さに次の関係が成り立つ
$$a^2 + b^2 = c^2$$

(3)三角形の内角の和＝180°

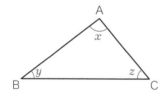

$$\angle x + \angle y + \angle z = 180°$$

(4)正三角形

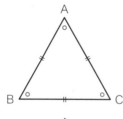

・3つの辺が等しい
・3つの角が等しい(60°)
　→2つの角が60°であれば正三角形

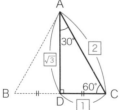

正三角形を真っ二つにした△ADC
30°・60°・90°の三角形の三辺の長さの比
AC：CD：DA＝2：1：$\sqrt{3}$

(5)直角二等辺三角形

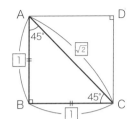

正方形ABCDの対角線ACを引いてできる
△ABCは、AB＝BCの直角二等辺三角形。

3つの辺の比
AB：BC：CA＝1：1：$\sqrt{2}$

9 円

(1)

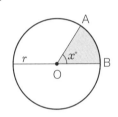

r ＝半径の長さ

円周の長さ＝$2\pi r$

円の面積＝πr^2

パイと読む。
円周率（3.14…）のこと

おうぎ形ABOの面積＝$\pi r^2 \times \dfrac{x}{360}$

(2)円と接線

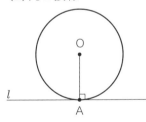

円Oに接線を引いたときに接する点Aを接
点という。
円の中心Oと接点Aを結ぶ直線OAは接線
lと垂直に交わる。

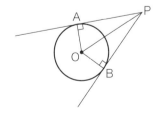

円の外側の点Pから円Oへは2本接線が引
ける。
2つの接点をA、Bとすると PA＝PB となる。
よって△PAOと△PBOは合同
　　△PAO≡△PBO

CONTENTS

編集協力：有限会社ヴュー企画　　本文デザイン・DTP：小幡ノリユキ　　本文イラスト：村山宇希

数 的 推 理

1 日目

01 方程式1

── P O I N T ──

「整数になる」という条件が
隠されていることを見抜く

例 題

ある動物園の入園料は、大人 1,000 円、高校生が 500 円、中学生が
400 円である。
大人、高校生及び中学生からなる合計 30 人のグループの入園料の総額
が 25,000 円であるとき、このグループの高校生と中学生との人数の
合計として、正しいのはどれか。

1 5人
2 6人
3 7人
4 8人
5 9人

先生の作戦

①とりあえず式をたてる。
②未知数 3 個、式 2 本の場合は、
　 1 つの文字について解いたうえであてはめて探す。
③求めるものをしっかり把握しておく。

<u>こう解く！</u>

大人x人、高校生y人、中学生z人とおく。

合計30人ゆえ、$x + y + z = 30$　…①

総額25,000円ゆえ、$1000x + 500y + 400z = 25000$　…②

求めるのは、高校生と中学生の人数の合計$(y + z)$ゆえ、
①と②でxを消去する。

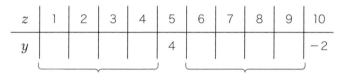

①×10　　$10x + 10y + 10z = 300$
②÷100　　$10x + 5y + 4z = 250$（$-$
　　　　　　$5y + 6z = 50$　…③

1つの文字について解く。
ここでは、$y =$ の形にしてみる

$5y + 6z = 50$
　　$5y = 50 - 6z$

$$y = 10 - \frac{6}{5}z$$　←── こういう形にして、$z = 1,2,3\cdots$と試してyを探す

z	1	2	3	4	5	6	7	8	9	10
y					4					-2

yが整数にならないので不適　←── y は高校生の人数だから整数

以上より、$z = \mathbf{5}$のとき$y = \mathbf{4}$と決まる。
したがって、高校生と中学生の人数の合計は、
$y + z = 4 + 5 = \mathbf{9}$（人）
よって、**正解は5。**

答 **5**

解答・解説は別冊2ページ

ある果実店で、もも、りんご及びなしの3商品を、ももを1個300円、りんごを1個200円、なしを1個100円で販売したところ、3商品の販売総数は200個、3商品の売上総額は36,000円であった。

りんごの販売個数が100個未満であり、なしの売上金額が3商品の売上総額の2割未満であったとき、ももの売上金額として正しいのはどれか。

1　9,300円
2　9,600円
3　9,900円
4　10,200円
5　10,500円

解答・解説は別冊3ページ

ある商店で、商品Aを1個50円、商品Bを1個10円で販売を開始し、この2品目の初日の売上げは合計で5,800円であった。2日目に商品Aを10円値下げしたところ、商品Aの販売数量は10個増え、この2品目の売上げは合計で5,000円であった。2日目の商品Aの販売数量はどれか。

ただし、商品Bの販売数量は、両日とも12個以上20個以下であったものとする。

1　120個
2　121個
3　122個
4　123個
5　124個

練習問題 3

解答・解説は別冊3〜4ページ

ある店で300円と500円の2種類のケーキを購入することにした。どちらの種類も1個以上、2種類合計で15個以上購入したい。支払金額を5,300円以内に収めるとき、購入できる2種類のケーキの数の組み合わせは何通りあるか。
ただし、消費税などは考えないものとする。

1 5通り
2 6通り
3 7通り
4 8通り
5 9通り

ヒント

x、y、z などの文字を使い、式をたてることに慣れよう。求めるもの以外の未知数を消去したうえで、1つの文字について解く。そして、1から順に代入し、条件を満たすものを探す。

02 方程式2

— POINT —

1 分数部分を通分して、整式にする

2 不定方程式は（整式）×（整式）の形にする

例題

正の整数 a、b があり、$a < b$ であるとき、次の式における a、b の組み合わせの数として、正しいのはどれか。

$$\frac{1}{a} + \frac{1}{b} = \frac{1}{10}$$

1 2組　**2** 3組　**3** 4組　**4** 5組　**5** 6組

先生の作戦

①まずは整式にする。

②（整式）×（整式）の形を作る。

③条件に注意しながら、可能性のある数を探していく。

こう解く！

$$\frac{1}{a} + \frac{1}{b} = \frac{1}{10}$$

$$\frac{1}{a} \times \frac{b}{b} + \frac{1}{b} \times \frac{a}{a} = \frac{1}{10}$$

$$\frac{b}{ab} + \frac{a}{ab} = \frac{1}{10}$$

$$\frac{b+a}{ab} = \frac{1}{10} \quad \longleftarrow \text{整数にするため、両辺に } 10ab \text{ を掛ける}$$

$$10(b+a) = ab$$
$$ab - 10a - 10b = 0$$
$$(a-10)(b-10) - 100 = 0$$
$$(a-10)(b-10) = 100$$

2つの数$(a-10)$と$(b-10)$を掛けて100なので、
2つの数を掛けて100となる数を書き出すと、以下のとおり。

1×100	20×5	$-1 \times (-100)$	$-20 \times (-5)$
2×50	25×4	$-2 \times (-50)$	$-25 \times (-4)$
4×25	50×2	$-4 \times (-25)$	$-50 \times (-2)$
5×20	100×1	$-5 \times (-20)$	$-100 \times (-1)$
10×10		$-10 \times (-10)$	

$a-10=1$、$b-10=100$　ゆえ $a=\mathbf{11}$、$b=\mathbf{110}$
$a-10=2$、$b-10=50$　ゆえ $a=\mathbf{12}$、$b=\mathbf{60}$
$a-10=4$、$b-10=25$　ゆえ $a=\mathbf{14}$、$b=\mathbf{35}$
$a-10=5$、$b-10=20$　ゆえ $a=\mathbf{15}$、$b=\mathbf{30}$

a、bが正の整数、$a<b$という条件を満たすのはこの4つ。
あとの組み合わせは**不適**。
よって、$(a, b) = (\mathbf{11}, \mathbf{110})(\mathbf{12}, \mathbf{60})(\mathbf{14}, \mathbf{35})(\mathbf{15}, \mathbf{30})$の4組。

答 **3**

正の整数 x、y があり、$x < y$ であるとき、下の式における x、y の組み合わせの数として正しいのはどれか。

$$\frac{1}{x} + \frac{1}{y} = \frac{1}{6}$$

1　3組
2　4組
3　5組
4　6組
5　7組

例題の解き方に倣って解いていく。

練習問題 2

解答・解説は別冊5ページ

1桁の正の整数 a、b 及び c について、

$$a + \cfrac{1}{b - \cfrac{4}{c}} = 3.18$$

であるとき、$a + b + c$ の値として、正しいのはどれか。

1 　14
2 　15
3 　16
4 　17
5 　18

$$3.18 = 3 + 0.18 = 3 + \frac{18}{100}$$

未知数の数より、式が少ないのだから、1つの文字について解いてあてはめていき、条件に合うものを探す。

03 約数の個数

POINT

整数Nの約数の個数の求め方

1 Nを素因数分解する　N＝$2^a \times 3^b \times 5^c$…

2 指数＋1を掛け合わせる
$(a+1) \times (b+1) \times (c+1)$…

例題

15120には約数がいくつあるか。

1　40個
2　50個
3　60個
4　70個
5　80個

こう解く！

まず15120を素因数分解する。
$15120 = 2^4 \times 3^3 \times 5^1 \times 7^1$

各素数の指数に**1**を足して掛ける。

└── 数字の肩に乗っている小さな数字が「指数」

$(4+1) \times (3+1) \times (1+1) \times (1+1) = \textbf{80}$

```
      2 ) 1 5 1 2 0
   2⁴ 2 )   7 5 6 0
      2 )   3 7 8 0
      2 )   1 8 9 0
      3 )     9 4 5
   3³ 3 )     3 1 5
      3 )     1 0 5
 5¹  5 )       3 5
 7¹ ( 7
```

答 **5**

22

練習問題 1

解答・解説は別冊6ページ

640の約数の個数として正しいのはどれか。

1　11個
2　14個
3　15個
4　16個
5　17個

練習問題 2

解答・解説は別冊6ページ

507の約数の個数として正しいのはどれか。

1　5個
2　6個
3　7個
4　8個
5　9個

ヒント

素因数分解は小さい素数から順に割り切れないかどうかを試す。
素数 ▶ 2, 3, 5, 7, 11, 13, 17, 19…

04 公倍数

POINT

1 公倍数は最小公倍数の倍数である
2 最小公倍数の求め方を押さえる

例 題

一瞬だけ点灯する7種類のランプがあり、それぞれ3秒、4秒、5秒、6秒、7秒、8秒、9秒に1回の周期で点灯する。

いま、午後6時ちょうどに全部のランプを同時に点灯させたとき、同日の午後11時45分ちょうどに点灯するランプは何種類か。

1 3種類
2 4種類
3 5種類
4 6種類
5 7種類

先生の作戦

1つやってみるとよい。例えば3秒ごとに点灯するランプはどうか。

こう解く！

3秒のランプの点灯を考えてみる。

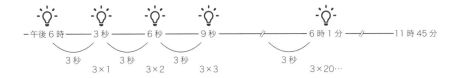

3秒のランプは3の倍数秒ごとに点灯する。
午後11時45分は午後6時ちょうどの何秒後かを考えると、**5時間45分後**。
これを秒に直すと、3600秒×5時間＋60秒×45分＝**20700秒**
20700が各3、4、5、6、7、8、9の倍数になっているかを調べる。
20700÷3＝6900、20700÷4＝5175 ……と調べていく。
3秒、**4**秒、**5**秒、**6**秒、**9**秒は20700を割り切るので、
20700はこの**5種類**のランプの周期の倍数である。
よって、この**5種類**はちょうど午後11時45分に点灯する。

答 **3**

- -

練習問題 1

解答・解説は別冊7ページ

1〜100までの番号がついた100枚のカードが箱の中に入っている。
次のア〜ウの順番でカードを箱から取り出したとき、箱の中に残ったカードの枚数はどれか。

ア　5の倍数の番号がついたカード
イ　3の倍数の番号がついたカード
ウ　2の倍数の番号がついたカード

1　20枚
2　23枚
3　26枚
4　29枚
5　32枚

05 商と余り

POINT

ある数を○で割ると△余り、◎で割ると□余る

1 余りが同じ場合　△＝□
　　ある数＝○と◎の公倍数＋余り

2 (割る数と余りの差)が同じ場合　(○－△)＝(◎－□)
　　ある数＝○と◎の公倍数－(割る数と余りの差)

例 題

6で割ると3余り、7で割ると4余り、8で割ると5余る自然数のうち、最も小さい数の各位の数字の積はどれか。

1 9　　**2** 12　　**3** 18　　**4** 24　　**5** 30

こう解く！

(1)式の形にする

例えば11÷4＝2…3の場合、11＝4×2＋3と変形できる。

求めるべき最も小さい数をxとおく。それぞれ割ったときの答え(商)をa、b、cとおく。

$$x \div 6 = a \cdots 3 \quad \rightarrow \quad x = 6 \times a + 3 \quad \cdots ①$$
$$x \div 7 = b \cdots 4 \quad \rightarrow \quad x = 7 \times b + 4 \quad \cdots ②$$
$$x \div 8 = c \cdots 5 \quad \rightarrow \quad x = 8 \times c + 5 \quad \cdots ③$$

(2)掛け算の辺を作る

割る数と余りの差がすべて等しい場合、両辺にその値を足す。

$$x + 3 = 6a + 3 + 3 \quad \cdots ①'$$
$$x + 3 = 7b + 4 + 3 \quad \cdots ②'$$
$$x + 3 = 8c + 5 + 3 \quad \cdots ③'$$

本問は（割る数−余り）が等しいパターンなので、各式ともに両辺に3を足す。
（3＋3＝6、4＋3＝7、5＋3＝8）

①'を整理すると、次のように右辺を掛け算の形にできる。

$$x + 3 = 6a + 6 = 6 \times (a + 1) \quad \cdots ①''$$

②'③'も同様に整理する。

$$x + 3 = 6 \times (a + 1) \quad \cdots ①''$$
$$x + 3 = 7 \times (b + 1) \quad \cdots ②''$$
$$x + 3 = 8 \times (c + 1) \quad \cdots ③''$$

①''は6と$(a + 1)$の掛け算なので、6の倍数だとわかる。②''③''も同様。

①''～③''より、$(x + 3)$は、6、7、8の公倍数であることがわかる。

(3)最小公倍数を求める

そこで6、7、8の最小公倍数を求める。

$$
\begin{array}{r|ccc}
2 & 6 & 7 & 8 \\
\hline
& 3 & 7 & 4
\end{array}
$$
$$2 \times 3 \times 7 \times 4 = 168（最小公倍数）$$

公倍数は最小公倍数の倍数（割り切れない数はそのまま下ろす）。

よって$x + 3$は168の倍数であることがわかる。

問題文の条件から、xは「最も小さい数」なので、

$$x + 3 = 168$$
$$\therefore x = 165$$

ある数xは「（割る数の公倍数）−（割る数と余りの差）」となっている。

最も小さい数の各位の数字の積は、
$$1 \times 6 \times 5 = \mathbf{30}$$

答 **5**

解答・解説は別冊8ページ

5で割ると4余り、6で割ると5余り、7で割ると6余る最小の自然数の各桁の和はいくつか。

1 11
2 12
3 13
4 14
5 15

解答・解説は別冊8～9ページ

5で割ると2余り、7で割ると2余る自然数のうち、最も小さい数の各位の数字の和はいくらか。

1 6
2 7
3 8
4 9
5 10

練習問題 3

解答・解説は別冊9ページ

4を足すと6で割り切れ、7を足すと9で割り切れ、8を足すと10で割り切れる数のうち、最も小さい3桁の数の、各位の数の積はいくつか。

1　12
2　13
3　14
4　15
5　16

求める数を x として、x に4を足した場合、7を足した場合、8を足した場合の式をたてる。

整数と自然数

自然数…1から始まり1ずつ増える数
整数…自然数と0とマイナス自然数

▶0より大きいものを「正の整数」、0より小さいものを「負の整数」と呼ぶ。
▶正の整数＝自然数

```
                        整数
    ◀───── 負の整数 ─────┐  ┌─ 正の整数 ─▶
    …… − 3, − 2, − 1, 0, 1, 2, 3, ……
                           └─ 自然数 ─▶
```

素数

1と自分以外の数で割り切れない自然数

▶これ以上分解できない「素」となる「数」という意味。

```
        2, 3, 5, 7, 11, 13, 17, ………
```

素因数分解

自然数を素数の積（掛け算）で表わすこと

▶60を素因数分解すると $2^2 \times 3 \times 5$

① 　60 ▶ ② 2)60 ▶ ③ 2)60 ▶ ④ 2)60 ▶
　　　　　　　　　　　　　30　　　　　)30
　　　　　　　2で割り切れる

⑤ 2)60 　⑥ 2)60 　⑦ 2)60 　⑧ 2)60
　2)30 ▶　2)30 ▶　2)30 ▶　2)30 ▶
　　　　　　　　15　　　)15　　　 3)15

⑨ 2)60 　⑩ 2)60
　2)30 ▶　2)30　　　　　　3で割り切れる
　3)15　　3)15　順に掛け合わせると
　　5　　　▶5　60になる

小さい素数から順に割り切れる数で割っていき、
商が素数になった時点で終了。

数的推理

2 日目

06 覆面算

POINT

1 一の位に着目する
(例)□×4の答えの一の位が4のとき → □に入る数字は1か6

2 桁数から絞り込む
(例)□△×3の答えが2桁のとき → □に入る数字は1か2か3

例題

次の計算のA～Eには、それぞれ異なる1桁の数字が入る。このとき、
A＋C＋Eはいくらか。

```
        A  B  C
    ×   3  4  D
        3  C  E  B
     B  1  0  4
  1  A  D  E
  1  E  B  A  B  B
```

先生の作戦

①通常の掛け算の順番どおり確認する。
②複数の可能性があるときには、
　決めつけずに場合分けする。
③縦の足し算のところも必ず確認する。

1 16　　**2** 17　　**3** 18　　**4** 19　　**5** 20

こう解く！

通常の計算順、D×C＝B、…と順に見
てすぐ判明するものがあれば確定する。
本問の場合はとくに見あたらない。
4×Cの一の位が**4**であることから、C
は**1**か**6**であることがわかる。

※1×4＝4か6×4＝24

```
        A  B  C
    ×   3  4  D
        3  C  E  B
     B  1  0  4
  1  A  D  E
  1  E  B  A  B  B
```

(1)C＝1とすると

D×CにC＝1を代入すると、D＝Bとなる。
すると問題文の「それぞれ異なる1桁の数」との条件に反する。
よって、C＝1ではない。

```
      A  B  C↩
   ×  3  4  D
   ─────────────
   3  C  E  B←
```

```
      A  B  C
   ×  3  4  D
   ─────────────
   3  C  E  B
   B  1  0  4
1  A  D  E←
─────────────────
1  E  B  A  B  B
```

(2)C＝6とすると

3×C＝18より、E＝**8**とわかる。

次に足し算の部分を見る。
E＋4の一の位がBである。先ほど
E＝**8**と決まったので、8＋4＝12
となり、B＝**2**とわかる。
ここまでで、C＝**6**、E＝**8**、B＝**2**が判明。

```
         A   B   6ᶜ
      ×  3   4   D
   ──────────────────
      3   6ᶜ  8ᴱ  B
      B   1   0   4↩
   1  A   D   8ᴱ  ↓
   ──────────────────
   1  8ᴱ  B   A   B   B
```

①の列を見ると、Aは6＋0＋8＋1の
一の位が入る。　　　　繰り上がり
よって、A＝**5**とわかる。
②の列を見ると、3＋1＋D＋1の、
一の位は2であるから、　繰り上がり
D＝**7**とわかる。

```
         A    2ᴮ   6ᶜ
      ×  3    4    D
   ───────────────────────
      3   6ᶜ   8ᴱ   2ᴮ
      2ᴮ  1    0    4
   1  A   D    8ᴱ
   ───────────────────────
   1  8ᴱ  2    A    2ᴮ   2ᴮ
              ↑    ↑
              ②   ①
```

以上より、A＝**5**、B＝**2**、C＝**6**、D＝**7**、E＝**8**

問われているのは、AとCとEの和である。
A＋C＋E＝5＋6＋8＝**19**
よって、**正解は選択肢4。**

答 **4**

```
         5ᴬ   2ᴮ   6ᶜ
      ×  3    4    7ᴰ
   ───────────────────────
      3   6ᶜ   8ᴱ   2ᴮ
      2ᴮ  1    0    4
   1  5ᴬ  7ᴰ   8ᴱ
   ───────────────────────
   1  8ᴱ  2    5ᴬ   2ᴮ   2ᴮ
```

練習問題 1

解答・解説は別冊10〜11ページ

次の計算の空欄には0〜9のいずれかの数字があてはまる。
このときX＋Yはいくらか。

```
          3 □ 7 □
   ×        □ □ □
        □ □ □ 7
      □ □ □ □
  □ □ □ 2
─────────────────
  X □ Y □ 0 2 7
```

1 9
2 10
3 11
4 12
5 13

・繰り上がりと桁数に注目！
・決めつけないで慎重に場合分けする。

練習問題 2

解答・解説は別冊12〜13ページ

次の式中の□に0〜9の整数を重複を許してあてはめ、式を完成させた場合、式中の上部にある□□□に入る3つの数の和はいくつか。

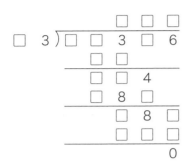

1 　5
2 　6
3 　7
4 　8
5 　9

・問題文の条件を読み落とさないように注意。
・掛け算と引き算のわかるところから1つずつ決めていく。

07 魔方陣

POINT

縦・横の和の求め方

1 マスの中の数字を全部足す

2 上記1で求めた値を
　　行数（3×3の方陣なら3）で割る

例 題

下図は1～16のそれぞれ異なる整数を、縦、横、対角線の和がいずれも等しくなるようにマス目に入れた一部を示したものである。A、Bにそれぞれあてはまる整数の和として、正しいのはどれか。

4		15	
A			8
	7		
	2	3	B

1 17　　　**2** 18　　　**3** 19　　　**4** 20　　　**5** 21

先生の作戦

頻出の「1～16を入れる4×4の魔方陣」の場合はこうなる。

16	5	2	11
3	10	13	8
9	4	7	14
6	15	12	1

①縦・横・対角線の和は34

②中心について対称位置にある
　2つの数字の和 = 17
　（例）16 + 1 = 17
　　　　3 + 14 = 17

こう解く！

4×4の魔方陣は、中心について対称位置にある2つの数字の和が**17**である。

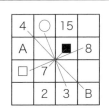

4＋B＝17より、B＝**13**
□＋8＝17より、□＝**9**
○＋3＝17より、○＝**14**
■＋7＝17より、■＝**10**

以上をまとめると次のようになる。

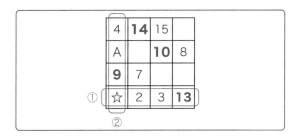

4×4の魔方陣は、縦、横、対角線の和が**34**であるから

①より　☆＋2＋3＋13＝34　∴☆＝**16**
②より　16＋9＋A＋4＝34　∴A＝**5**

縦・横・対角線の和を求める。
$(1＋2＋3＋\cdots\cdots＋15＋16)÷4$

$= \dfrac{(1＋16)×16}{2}÷4$

$= 17×8÷4$
$= 34$

以上より、A＝**5**、B＝**13**
以上より、A＋B＝**18**
よって、**正解は選択肢2。**

なお、すべての数を
埋めると右のとおり。

4	14	15	1
5	11	10	8
9	7	6	12
16	2	3	13

答**2**

魔方陣の解法を押さえよう

横一列の和をxとおき、①〜④を足す。

a	b	c	d
e	f	g	h
i	j	k	l
m	n	o	p

$$\rightarrow a+b+c+d=x \cdots ①$$
$$\rightarrow e+f+g+h=x \cdots ②$$
$$\rightarrow i+j+k+l=x \cdots ③$$
$$\underline{\rightarrow m+n+o+p=x \cdots ④} \ (+$$
$$a+b+\cdots+p=4x$$

$$\therefore x=\frac{a+b+\cdots+p}{4}$$

$a+b+\cdots+p$は、1〜16の和なので、

$$1+2+\cdots+16=\frac{(1+16)\times 16}{2}=136$$

$$\therefore x=\frac{136}{4}=\textbf{34}$$

等差数列の和

$$a_1+a_2+\cdots+a_n=\frac{(a_1+a_n)\times n}{2}$$

x、つまり横一列の数字の和は**34**となる。

練習問題 1

解答・解説は別冊14ページ

下図は1〜16のそれぞれ異なる整数をマス目に入れ、縦、横、対角線の和がいずれも等しくなるようにしたものである。A、Bの積として正しいのはどれか。

4			16
14		7	B
A		6	3
	8		

1 10
2 20
3 30
4 60
5 90

練習問題 2

解答・解説は別冊14〜15ページ

下の図に1〜25までの数字を入れて縦、横、対角線の各合計が等しくなるようにするとき、A＋Bはいくらか。

17	24	1	8	B
	5	7	14	16
4			20	22
		A		
11	18	25		9

1 30
2 32
3 34
4 36
5 38

練習問題 3

解答・解説は別冊15ページ

下の図のように、縦、横、対角線いずれの4つの数字の和も同じになるようにした方陣がある。Xに入る数字として、正しいのはどれか。

	15	18	
22	A	B	13
21	C	D	X
	17	10	

1 1
2 2
3 3
4 4
5 5

08 規則性

P O I N T

1 差の差にも注目

2 規則性の方向は、縦・横・斜めをチェック

例 題

次のア〜エは、それぞれ一定の規則により並んだ数列であるが、空欄A
〜Dにあてはまる4つの数の和として、正しいのはどれか。

ア　1, 5, 13, ☐ A ☐, 61, ……

イ　2, 8, 44, 260, ☐ B ☐, ……

ウ　3, 11, 43, ☐ C ☐, 683, ……

エ　4, 14, 42, 88, ☐ D ☐, ……

1　1908

2　1918

3　1928

4　1938

5　1948

先生の作戦

隣り合った数字の法則を見つけるしかない。

こう解く！

(1) 隣り同士の差を計算する

ア　1　　5　　13　　$\boxed{A}$　　61
　　　　+4　　+8

差が、4、8と2倍になっているので、さらに、2倍、2倍となると予想してAに入る数を考える。

```
1    5    13   29   61
  +4   +8   +16  +32
```

差が2倍の規則が5項目の61にもあてはまる。

(2) 「差」の規則性を探す

イ　2　　8　　44　　260　　$\boxed{B}$
　　　　+6　　+36　　+216

比（掛け算、割り算）に特徴的なことがないため、差の数に何か規則性がないか考える。
6×6＝36であることに着目して、36×6を試してみると、
36×6＝216となり、6倍ずつになっていることがわかる。

```
6    36   216
  ×6   ×6
```

そこで次のように予想できる。

```
2    8    44   260   B
  +6   +36  +216  +216×6
```

∴ B＝260＋216×6＝**1556**

(3) 「差」の規則性を探す

ウ　3　　11　　43　　$\boxed{C}$　　683
　　　　+8　　+32

差の数列を見ると、8の次項32は、8×4となっていることがわかる。
そこから、43とCの差は32×4と予想し、Cの次項が、この規則で683になるかを試す。

$$3 \quad 11 \quad 43 \quad \boxed{171} \quad 683$$
$$\underbrace{}_{+8} \quad \underbrace{}_{+32} \quad \underbrace{}_{+32 \times 4 = 128} \quad \underbrace{}_{+128 \times 4 = 512}$$

$\therefore C = 43 + 32 \times 4 = \mathbf{171}$

$171 + 512 = 683$ となるので、予想どおり。

(4)「差」の差を調べる

$$エ \quad 4 \quad 14 \quad 42 \quad 88 \quad \boxed{D}$$
$$\underbrace{}_{+10} \quad \underbrace{}_{+28} \quad \underbrace{}_{+46}$$
$$\underbrace{}_{+18} \quad \underbrace{}_{+18}$$

階差数列となっており、差が18ずつ増えている。

そのため、88とDの差は $46 + 18 = 64$ と予想でき、

$D = 88 + 64 = \mathbf{152}$

以上より、A = **29**、B = **1556**、C = **171**、D = **152** から、

$A + B + C + D = \mathbf{1908}$

よって、**正解は選択肢1。**

答 **1**

- -

練習問題 1

解答・解説は別冊16ページ

右のように、ある法則に従って自然数を並べたとき、847が並ぶ段数はどれか。

1 12段
2 14段
3 16段
4 18段
5 20段

1段	4
2段	9、8
3段	16、18、12
4段	25、32、27、16
⋮	

練習問題 2

解答・解説は別冊17ページ

右図のように、同じ長さの線で作った
小さな正三角形を組み合わせて、大き
な正三角形を作っていくとき、12段
組み合わせるのに必要な合計の本数は
どれか。

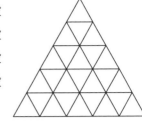

1段
2段
3段
4段
︙
12段

1 198本
2 216本
3 228本
4 234本
5 252本

⚡難しい 練習問題 3

解答・解説は別冊17ページ

右の三角形において、上から
11段目の左から5番目の数
と、上から17段目の右から
8番目の数との和として、正
しいのはどれか。

1 11440
2 11560
3 11650
4 12870
5 12990

1段目							1						
2段目						1		1					
3段目					1		2		1				
4段目				1		3		3		1			
5段目			1		4		6		4		1		
6段目		1		5		10		10		5		1	
7段目	1		6		15		20		15		6		1

8段目　1　7　21　35　35　21　7　1
9段目　1　8　28　56　70　56　・・・
︙

09 順列・組み合わせ

nCrの計算のしかた

$$_4C_3 = \frac{4 \times 3 \times 2}{3 \times 2 \times 1} = 4 \qquad _5C_2 = \frac{5 \times 4}{2 \times 1} = 10$$

例 題

A〜Hの友人グループ8人が旅行に出かけた。宿泊所では、2人まで泊まることのできる「松の間」、3人まで泊まることのできる「竹の間」と「梅の間」の3つの部屋に分かれて泊まることになった。

このとき、AとBの2人が同じ部屋に泊まる部屋割りは何通りあるか。

1 120通り **2** 130通り **3** 140通り

4 150通り **5** 160通り

先生の作戦

次の公式を使って解く。

n 個の中から r 個を選ぶ（組み合わせ）→ nCr

総数から1ずつ減らして、選ぶ数ぶんだけ掛ける。

$$\underset{\text{総数}}{} C \underset{\text{選ぶ数}}{} = \frac{\overset{\text{総数から1ずつ減らして、選ぶ数ぶんだけ掛ける}}{(総数) \times (総数-1) \times (総数-2) \cdots}}{\underset{\text{選ぶ数から1ずつ減らして、1まで掛ける}}{(選ぶ数) \times (選ぶ数-1) \times (選ぶ数-2) \times \cdots 1}}$$

こう解く！

どの部屋に誰が入るかという部屋割りなので、入る順番は関係ない「組み合わせ」の問題である。

松の間	竹の間	梅の間
○○	○○○	○○○
定員2人	定員3人	定員3人

「AとBの2人が同じ部屋に泊まる」という条件なので、
AとBが「松の間」「竹の間」「梅の間」のそれぞれに泊まった場合ごとに、
残り6人の部屋割りを考える。

(1)AとBが「松の間」に泊まる場合

ア．残り6人のうち3人が「竹の間」に泊まる。
　　6人のうち3人の選び方なので、

$$_6C_3 = \frac{6 \times 5 \times 4}{3 \times 2 \times 1} = \textbf{20} 通り$$

イ．「梅の間」には残った3人が泊まることになるので**1**通り。
ウ．よって、20通り×1通り＝は**20**通り。

(2)AとBが「竹の間」に泊まる場合

ア．「竹の間」に泊まるもう1人の選び方は、6人のうち1人なので**6**通り。
イ．残り5人のうち「松の間」に泊まる2人の選び方は、

$$_5C_2 = \frac{5 \times 4}{2 \times 1} = \textbf{10} 通り$$

ウ．「梅の間」には残った3人が泊まるので1通り。
エ．よって、6通り×10通り×1通り＝**60**通り。

(3)AとBが「梅の間」に泊まる場合

(2)と同様に考えて**60**通り。

(1)～(3)をすべて足す。
20通り＋60通り＋60通り＝**140**通り
よって、**正解は選択肢3。**

答 **3**

解答・解説は別冊18ページ

異なる10個の点が一平面上にあり、そのうち6点は直線l上に、残り4点は直線m上にある。この10個の点の中から3点を結んで三角形を作ることにすると、異なる三角形はいくつできるか。

1　88個
2　92個
3　96個
4　100個
5　104個

解答・解説は別冊18〜19ページ

8個のキャラメルをA、B、Cの3人で分けるとき、その分け方は何通りあるか。ただし、3人とも1個以上受け取るものとする。

1　15通り
2　18通り
3　21通り
4　24通り
5　27通り

練習問題 3

解答・解説は別冊19ページ

次の図のような、A駅からB駅に至る複数のルートがある。最短ルートで、A駅からXを通ってB駅に行く経路は何通りか。

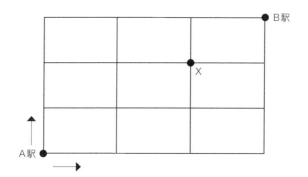

1 6通り
2 8通り
3 10通り
4 12通り
5 14通り

10 確 率

──POINT──

$$確率 = \frac{求める事象の起こりうる場合の数}{起こりうるすべての場合の数}$$

例 題 1

袋Aには白玉3個と赤玉5個、袋Bには白玉4個と赤玉2個が入っている。袋Aから1個、袋Bから1個の玉をそれぞれ無作為に取り出すとき、取り出した2個が異なる色の玉である確率として、正しいのはどれか。

1 $\frac{1}{2}$ **2** $\frac{13}{24}$ **3** $\frac{7}{12}$ **4** $\frac{5}{8}$ **5** $\frac{2}{3}$

こう解く!

袋Aから

①白玉を引く確率 … $\frac{3}{8}$ ←  求める事象の起こりうる場合の数 / 起こりうるすべての場合の数

②赤玉を引く確率 … $\frac{5}{8}$

袋Bから

③白玉を引く確率 … $\frac{4}{6}$

④赤玉を引く確率 … $\frac{2}{6}$

取り出した2個が異なる色の玉であるのは、
(1) ①と④が同時に起こる場合
(2) ②と③が同時に起こる場合

(1)は $\dfrac{3}{8} \times \dfrac{2}{6} = \dfrac{1}{8}$　　　(2)は $\dfrac{5}{8} \times \dfrac{4}{6} = \dfrac{5}{12}$

よって、$\dfrac{1}{8} + \dfrac{5}{12} = \dfrac{13}{24}$　　正解は選択肢2。

答 **2**

例題2

4人が、グー、チョキ、パーを1回だけ出し合ってじゃんけんをするとき、1回目で1人だけ勝者が決まる確率として正しいものはどれか。

1 $\dfrac{1}{9}$　　　**2** $\dfrac{9}{64}$　　　**3** $\dfrac{4}{27}$　　　**4** $\dfrac{1}{6}$　　　**5** $\dfrac{5}{27}$

こう解く！

(1)手の出し方を数える
「起こりうるすべての場合の数」はこの場合、1回目のじゃんけんの4人の手の出し方である。
各人ともグー、チョキ、パーの3通りの出し方があるので
$3 \times 3 \times 3 \times 3 = $ **81**（通り）である。

(2)そのうち、1人だけ勝者が決まる場合を数える
・4人のうち誰が勝つかは4通り。
・その勝者が何の手で勝つかは3通り。
よって、$4 \times 3 = $ **12**（通り）の、1人の勝者の決まり方がある。

よって1回目で勝者が決まる確率は、

$\dfrac{12}{81} = \dfrac{4}{27}$　　正解は選択肢3。

答 **3**

解答・解説は別冊20ページ

1〜6の目が1つずつ書かれた立方体のサイコロを3回振ったとき、出た目の和が素数になる確率として、正しいのはどれか。

1 $\dfrac{23}{108}$

2 $\dfrac{13}{54}$

3 $\dfrac{29}{108}$

4 $\dfrac{67}{216}$

5 $\dfrac{73}{216}$

ヒント

3つのサイコロを転がしてできる最大の数は18。
18の中にある素数を抜き出して、おのおの3つの
サイコロの数の組み合わせを出す。

練習問題 2

解答・解説は別冊21ページ

5人が、グー、チョキ、パーを1回だけ出し合ってじゃんけんをするとき、
「あいこ」になる確率として、正しいものはどれか。
ただし、5人とも、グー、チョキ、パーを同じ確率で出す。

1 $\dfrac{17}{27}$

2 $\dfrac{56}{81}$

3 $\dfrac{61}{81}$

4 $\dfrac{22}{27}$

5 $\dfrac{71}{81}$

ヒント

余事象を使う。
① 1回のじゃんけんで勝負のつくパターンを
　洗い出す。
②勝者の数を基準に各パターンの確率を出して
　それらを足す。
③全体から勝負の決まる確率を引く。

11 記数法

POINT

1 計算は必ず、10進法に直してから行う
2 n進法を10進法にするときは、各桁の「数字」に着目
3 10進法をn進法にするときは、nで割ったときの「余り」に着目

例 題

2進法では10101と表わす10進法の数をXとし、3進法では201と表わす10進法をYとするとき、X＋Yの値を6進法で表わした数として、正しいのはどれか。

1 100
2 101
3 102
4 103
5 104

先生の作戦

n進法の基礎知識がない人は、56ページでしっかりマスターしてから問題にチャレンジ。
学習指導要領の関係で、この領域を習っていない世代もあるかと思うが、公務員試験では頻出！

こう解く！

(1)10進法に揃える

2進法で10101と表わす数を10進法に変換する。

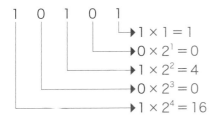

$$\therefore 1+0+4+0+16=\textbf{21} \qquad X=\textbf{21}$$

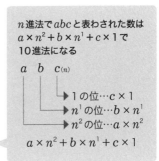

n進法でabcと表わされた数は$a\times n^2+b\times n^1+c\times 1$で10進法になる

$a\ b\ c_{(n)}$

↳1の位…$c\times 1$
↳n^1の位…$b\times n^1$
↳n^2の位…$a\times n^2$

$a\times n^2+b\times n^1+c\times 1$

3進法で201と表わす数を10進法に変換する。

2　0　1
↳$1\times 1=1$
↳$0\times 3^1=0$
↳$2\times 3^2=18$

$$\therefore 1+0+18=\textbf{19} \qquad Y=\textbf{19}$$

(2)10進法に揃えた数字を合計する

10進法に揃えると、
$10101_{(2)}\cdots 21=X$
$201_{(3)}\cdots 19=Y$
$X+Y=21+19=\textbf{40}$

(3)6進法に変換する

10進法の40を6進法に変換する。

```
6 ) 4 0
6 )   6  …4↑
      1  …0
```

$$\therefore \textbf{104}_{(6)}$$

10進法をn進法に変換するには10進法の数をnで割り、余りを並べる

$40\div 6=6$余り4
$6\div 6=1$余り0

よって、**正解は選択肢5。**

答 **5**

練習問題 1

解答・解説は別冊22ページ

5進法で表わされた数3024と3進法で表わされた数2110との差を、7進法で表わした数はどれか。

1 323
2 455
3 641
4 1220
5 2444

練習問題 2

解答・解説は別冊22～23ページ

ある数を5進法で示しても、7進法で示しても4桁であった。この数を3進法で示すと何桁になるか。

1 5桁
2 6桁
3 7桁
4 8桁
5 9桁

練習問題 3　　　解答・解説は別冊23ページ

アルファベットのみを用いて数を表わす26進法を考える。
すなわち、Aは10進法で0、Bは1、Zは25を表わすものとする。
したがって、例えば、CBは2×26＋1×1なので53となる。
いま、BB＋Fから始めて、次にBB＋F＋F、BB＋F＋F＋Fといっ
たように、BBに順次Fを加えていったときに、生じうる数はどれか。

1　CC
2　DD
3　EE
4　FF
5　GG

・練習問題1：5進法、3進法の数を10進法に変
換してから計算する。
・練習問題2：5進法は0、1、2、3、4の記号で
表記される。
よって5進法の最大の数は……。
・練習問題3：BB＋F、BB＋F＋F、BB＋F
＋Fの一の位に注目する。

n進法

数字を使って数を表わす方法

一般的に使われている0、1、2、…9、10、11、…と、0〜9の10個の数字の組み合わせで表わす方法は10進法という。

●0と1の2種の数字だけで表わす →**2進法**
0、1、10、11、100、101、110、…
　　　　↑ 0と1の組み合わせなので、ここで繰り上がる（2は使えない）
●0、1、2の3種の数字だけで表わす →**3進法**
●0〜9の10種の数字だけで表わす →**10進法**

10進法を n進法に変換する方法

10進法を n進法に変換するには、10進法の数を n で割り、余りを並べる

▶ 10進法と3進法

10進法	0	1	2	3	4	5	6	7	…
3進法	0	1	2	10	11	12	20	21	…

例
10進の「25」を3進法に変換するには、25を3で割っていき、最後の商と余りを並べる。

① 25を　　　② 8余り1　　③ 8をさらに　　④ 2余り2
　3で割る　　　　　　　　　3で割る

$3\,)\,\underline{25}$　　　$3\,)\,\underline{25}$　　　$3\,)\,\underline{25}$　　　$3\,)\,\underline{25}$
　　　　　　　　$8…1$　　$3\,)\,\underline{8…1}$　　$3\,)\,\underline{8…1}$
　　　　　　　　　　　　　　　　　　　　　　　$2…2$

順に並べると、それが
3進法での表記となる

よって、**221(3)** ◀── 何進法なのかは末尾に小さく表記する

n進法を 10進法に変換する方法

n進法で abc と表わされた数は、$a \times n^2 + b \times n^1 + c \times 1$ すると10進法になる

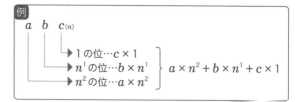

例
$a \quad b \quad c_{(n)}$

➤ 1の位…$c \times 1$
➤ n^1の位…$b \times n^1$　　 $\left. \right\}$ $a \times n^2 + b \times n^1 + c \times 1$
➤ n^2の位…$a \times n^2$

数的推理

3 日目

12 割合1（売買）

─ POINT ─

原価または個数に指示がない場合

計算しやすい仮の値を入れて考える

例 題

A社、B社及びC社の3つの会社がある。この3社の売上高の合計は、10年前は5,850百万円であった。

この10年間に、売上高は、A社が9%、B社が18%、C社が12%それぞれ増加し、増加した金額は各社とも同じであったとすると、現在のC社の売上高はどれか。

1　1,534百万円
2　1,950百万円
3　2,184百万円
4　2,600百万円
5　2,834百万円

先生の作戦

現在のC社の売上げを x とおくよりも、10年前を x とおいたほうがよい。

こう解く！

A社、B社、C社の10年前の売上げをそれぞれa円、b円、c円とおく。
10年前の売上高の合計は5850百万円ゆえ、
$$a + b + c = 5850\text{百万円} \quad \cdots\text{①}$$

10年間で増加した金額は、
A社は$a \times 0.09$、B社は$b \times 0.18$、C社は$c \times 0.12$である。
また、増加した金額は各社とも同じゆえ、
$$a \times 0.09 = b \times 0.18 = c \times 0.12 \quad \cdots\text{②}$$

現在のC社の売上高を求めるため、①と②を連立させる。
②より、

$$a \times 0.09 = c \times 0.12 \quad \rightarrow \quad a = \frac{12c}{9} = \frac{4c}{3} \quad \cdots\text{②}'$$

$$b \times 0.18 = c \times 0.12 \quad \rightarrow \quad b = \frac{12c}{18} = \frac{2c}{3} \quad \cdots\text{②}''$$

②' ②'' を①に代入。

$$\frac{4c}{3} + \frac{2c}{3} + c = 5850\text{百万円}$$

$$\frac{4c + 2c + 3c}{3} = 5850\text{百万円}$$

$$\frac{9c}{3} = 5850\text{百万円}$$

$$3c = 5850\text{百万円}$$
$$c = \mathbf{1950}\text{百万円}$$

よって、現在のC社の売上高は、
1950百万円 + 1950百万円 × 0.12 = **2184百万円**

以上より、現在のC社の売上高は**2,184百万円**である。
よって、**正解は選択肢3。**

答 **3**

解答・解説は別冊24ページ

ある商品を120個仕入れ、原価に対して5割の利益を上乗せして定価とし、販売を始めた。

ちょうど半数が売れた時点で、売れ残りが生じると思われたので、定価の1割引きにして販売した。

販売終了時刻が近づき、それでも売れ残りそうであったので、最後は定価の半額にして販売したところ、売り切れた。

全体としては、原価に対して1割5分の利益を得た。このとき、定価の1割引きで売れた商品は何個か。

1　5個
2　15個
3　25個
4　45個
5　55個

ヒント

原価、定価、利益については、具体的な金額が示されていない。
こういうときは、原価を x 円とおくよりも、計算しやすい任意の値(100円)として式をたてるとよい。

練習問題 2

解答・解説は別冊25ページ

あるラーメン店では、単一メニューの「ラーメン」のみを提供しており、どの客も、注文できるのはラーメン1杯のみである。

ある日この店で、販売価格を据え置いたままラーメンを大盛りで提供するサービスデーを開催した。

当日は前日に比べて、客1人あたりの利益（売価から原価を差し引いたもの）が2割減少したものの、女性客が3割減少し、男性客が7割増加したため、この日の総利益は2割増加した。

このとき、前日の女性客の割合はいくらであったか。

なお、サービスデーにおいては、客の希望の有無にかかわらず、店側は大盛りで提供したものとする。

1 15%
2 20%
3 25%
4 30%
5 40%

ヒント

- ・原価…仕入れ価額
- ・定価…原価に利益を乗せた価額
- ・売価…実際に売った価額
- ・総売上げ＝売価×個数
- ・仕入れ費用＝原価×個数
- ・利益＝総売上げ−仕入れ費用

数的推理

13 割合2（濃度）

── POINT ──

1 溶けている食塩の重さを追いかける

2 $\dfrac{\text{食塩の重さ}}{\text{食塩の重さ＋水の重さ}} \times 100 = \text{濃度（％）}$

例 題

果汁10％のオレンジジュースがある。これに天然水を加え、果汁6％のオレンジジュースにした。
次に、果汁4％のオレンジジュースを500g加えたところ、果汁5％のオレンジジュースになった。
天然水を加える前のオレンジジュースは何gあったか。

1 210g
2 240g
3 270g
4 300g
5 330g

先生の作戦

濃度の問題では「てんびん」を使う。
知らない人はまず65ページを見よう。

こう解く！

天然水を加える前の果汁10%のオレンジジュースを x g、加えた天然水を y g として式をたてることで解けるが、ここでは「てんびんによる解法」を紹介する。

◎てんびんによる解法

a%の食塩水Pgとb%の食塩水Qgを混ぜ合わせるとc%の食塩水になるとき、左図のようにてんびんをイメージして考えるとおもりの比は腕の長さの比の逆となる。

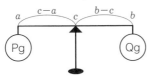

P：Q $= (b - c) : (c - a)$

例題を「てんびんによる解法」で解く。
「果汁10%のオレンジジュースに天然水を加えると、果汁6%になった」ので下図のように書ける。天然水は濃度0%で考えればよい。

図1

$\left(\begin{array}{c}\text{天然水の}\\\text{重さ}\end{array}\right) : \left(\begin{array}{c}\text{オレンジジュースの}\\\text{重さ}\end{array}\right)$

$\begin{array}{c}2\quad3\\=4:6\end{array}$

腕の長さの逆比となる

次に、この果汁6%のオレンジジュースに「果汁4%のオレンジジュースを500g加えたところ、5%になった」ので、次のようになる。

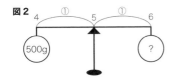

図2

腕の長さが1：1なので、
オレンジジュースの重さの比も1：1
よって、
果汁6%のオレンジジュースは500g。

この500gは図1の天然水と果汁10%のオレンジジュースを 2：3で混ぜ合わせたものである。
よって、天然水が200g、果汁10%のオレンジジュースは**300**gとわかる。
よって、**正解は選択肢4**。

答 **4**

練習問題 1

解答・解説は別冊26ページ

濃度7%の食塩水が入った容器Aと、濃度10%の食塩水が入った容器Bがある。
いま、容器A、Bからそれぞれ100gの食塩水を取り出して、相互に入れ替えをし、よくかき混ぜたところ、容器Aの濃度は9.4%になった。
最初に容器Aに入っていた食塩水は何gか。

1 125g
2 150g
3 175g
4 200g
5 225g

練習問題 2

解答・解説は別冊27ページ

食塩水の入った容器A、Bがある。Aには濃度8%の食塩水が200g、Bには濃度3%の食塩水が800g入っている。
いま、A、Bからそれぞれ同量の食塩水を取り出し、Aから取り出した食塩水をBへ、Bから取り出した食塩水をAへ入れたところ、A、Bの食塩水の濃度が等しくなった。
このとき、A、Bから取り出した食塩水はそれぞれ何gか。

1 120g
2 130g
3 140g
4 150g
5 160g

「濃度」はてんびんの解法で解こう

（例）5%の食塩水200gと10%の食塩水300gを
　　 混ぜたあとの濃度は？

①てんびんを書く

②両端に濃度と重さを書く

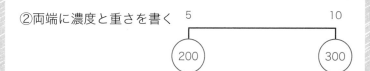

③おもりの比の逆比で
　腕を分けるとつりあう

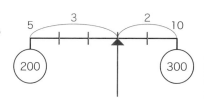

④つりあったところが
　混ぜたあとの濃度

よって、濃度は**8**%。

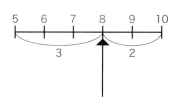

14 速さ1

── P O I N T ──

1 速さ×時間＝距離

2 時間＝$\dfrac{距離}{速さ}$　　　**3** 速さ＝$\dfrac{距離}{時間}$

例 題

AとBは同一地点から30km先の目的地に向けて出発することにした。
AはBより15分早く自転車で出発したが、移動の途中でバイクに乗ったBに追い越され、結局、AはBより目的地に10分遅れて到着することとなった。
Bのバイクの速さがAの自転車の速さの1.5倍であったとすると、Aの速さは時速何kmか。ただし、2人とも同じ経路を終始一定の速さで走り続けたものとする。

1 時速12km

2 時速16km

3 時速20km

4 時速24km

5 時速28km

先生の作戦

①求める数を x とする。

②時間＝$\dfrac{距離}{速さ}$ の公式を使う。

こう解く！

速さの公式にあてはめて式をたてる。

Aの自転車を時速$x$kmとする。

Bのバイクの速さは、Aの1.5倍なので、時速1.5$x$kmと表わせる。

AはBより、15分早く出発し10分遅れて到着しているので、目的地に到着するまでの時間は、Bに比べて25分長いことがわかる。

つまり、Aが要した時間－Bが要した時間＝25分

25分を「時間」に直すと$\dfrac{25}{60}$時間

$$\frac{30}{x} - \frac{30}{1.5x} = \frac{25}{60} \quad \longleftarrow \text{距離} \div \text{速さ} = \text{時間}$$

この式を解いてxを求める。

まず、約分できるところは約分しておく。

$$\frac{30}{x} - \frac{\overset{20}{\cancel{30}}}{\underset{1}{1.5x}} = \frac{\overset{5}{\cancel{25}}}{\underset{12}{\cancel{60}}}$$

$$\frac{30}{x} - \frac{20}{x} = \frac{5}{12}$$

$$\frac{10}{x} = \frac{5}{12}$$

両辺を12x倍すると

$$12x \times \frac{10}{x} = 12x \times \frac{5}{12}$$

$$120 = 5x$$

$$x = \mathbf{24}$$

Aの速度は時速**24**km

よって、**正解は選択肢4。**

答 **4**

練習問題 1

解答・解説は別冊28ページ

地点Aから地点Bまでが上り坂、地点Bから地点Cまでが下り坂の一本道がある。

地点Aを自転車で出発し、地点Cで15分間の休憩後、折り返し、復路の地点Bで8分間の休憩後、地点Aに戻ったところ1時間15分かかった。

地点Aから地点Cまでの距離はどれか。ただし、上り坂は時速6km、下り坂は時速20kmで走行する。

1 3,250m

2 3,500m

3 3,750m

4 4,000m

5 4,250m

練習問題 2

解答・解説は別冊29ページ

太平洋の上空には、ジェット気流が吹いており、航空機が日本からアメリカへ向かう場合には追い風、逆にアメリカから日本へ向かう場合には向かい風となる。

ある人が、日本－アメリカ間を航空機で往復した。行きの便が日本の空港を離陸後、東京上空を通過したのは15時30分、ロサンゼルス上空を通過したのは、現地時間で同日の6時50分であった。

航空機の時速は900km、ジェット気流の秒速は50mで、時差については、ロサンゼルスは東京よりも17時間遅いことがわかっているとき、帰りの便が、ロサンゼルス上空から東京上空までかかる時間はどれか。

ただし、航空機及びジェット気流の速さは一定であり、その経路は東京－ロサンゼルス間を一直線に結んでいるものとする。

1 12時間10分

2 12時間30分

3 12時間50分

4 13時間10分

5 13時間30分

練習問題 3

解答・解説は別冊30ページ

一定の速度で進む列車がある。この列車の最前部がトンネルにさしかかってから、最後部がトンネルに入りきるまでに9秒かかった。
また、長さ300mの鉄橋にさしかかってから渡りきるまでに21秒かかった。この列車の速度はいくらか。

1 時速85km
2 時速90km
3 時速95km
4 時速100km
5 時速105km

練習問題 4

解答・解説は別冊31ページ

時計がいま2時ちょうどを指している。この時計の長針と短針が重なるのは、どのくらいあとか。

1 10分45秒後
2 10分50秒後
3 10分55秒後
4 11分後
5 11分5秒後

ヒント

求める時刻を2時 x 分とおき、長針と短針の角度を調べる。
・長針の回転速度…1分間に6度
・短針の回転速度…1分間に0.5度

15 速さ2

───── **POINT** ─────

1 静止画で考える

2 すれ違うのにかかる時間 → 両方の長さの和÷速さの和
追い越すのにかかる時間 → 両方の長さの和÷速さの差

例 題

線路沿いの道を一定の速度で歩いている人が、前方から来る電車に10分ごとに出会い、後方から来る電車に15分ごとに追い越された。いずれの向きの電車も、それぞれ電車の長さは等しく、速度及び運転の間隔は等しく一定であるとき、電車の運転間隔として、正しいのはどれか。

1 12分
2 12分15秒
3 12分30秒
4 12分45秒
5 13分

こう解く！

(1)出会いと追い越しを図で表わす

線路沿いに歩いている人をX君、電車をそれぞれA、B、C、Dとしておく。

①前方から来る電車に10分ごとに出会う。

つまり、X君は10分後に電車Bと出会う。

②後方から来る電車に15分ごとに追い越される。

つまり、X君は15分後に電車Dに追い越される。

(2)わからない数は文字におきかえる

電車の運転間隔がt分ということは、前の電車がt分進んだとき次の電車が出発するということになる。

速さの公式(**速さ×時間＝距離**)にあてはめるため、それぞれの速さ、時間を以下のようにおく。

・X君の歩く速さ　xm/分
・電車の速さ　ym/分
・電車の運転間隔　t分

電車同士の間隔はym/分×t分と表わせる。　←── 速さ×時間＝距離
以上を前提に、①ⅱの状況ごとに式をたてる。

(3)公式(速さ×時間＝距離)にあてはめる

①X君は前方から来る電車に10分ごとに出会う。

出会いの速さは「足し算」

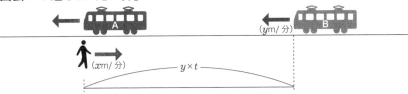

・X君と電車Bの出会い
　$(x + y)$m/分で急接近する

・X君と電車Bの距離は、電車Aと電車Bの距離に等しい

$$\underset{\text{速さ}}{(x + y)} \times \underset{\text{時間}}{10} = \underset{\text{距離}}{y \times t} \quad \cdots ①$$

ⅱ X君は後方から来る電車に15分ごとに追い越される。

追いつきの速さは「引き算」

・電車DがX君に追いつく速さ = ym/分 − xm/分
・電車DとX君の距離も ym/分 × t 分で表わせるので

$$\begin{array}{ccc} \text{速さ} & \text{時間} & \text{距離} \\ (y - x) \times 15 & = & y \times t \quad \cdots ② \end{array}$$

(4)連立して t を求める

①、②を連立して t を求める。まず①、②を整理する。

① $10x + 10y = yt$ …①'
② $15y − 15x = yt$ …②'
①'×3+②'×2で x を消去する。

$$\begin{array}{r} 30x + 30y = 3yt \\ + \underline{) -30x + 30y = 2yt} \\ 60y = 5yt \quad \cdots ③ \end{array}$$

③($60y = 5yt$)の両辺を y で割る。

$60 = 5t$
$t = 12$

つまり、電車の運転間隔は**12分**。
よって、**正解は選択肢1。**

答 **1**

練習問題 1

解答・解説は別冊32ページ

X市からY市に向かって一定の速さで歩いているA君が、X市発Y市行きの電車に9分ごとに追い越され、Y市発X市行きの電車に6分ごとに出会った。

X市行き、Y市行きとも、等間隔で運行されているとすると、電車は何分何秒ごとに発車しているか。

1 7分12秒 　 **2** 7分15秒 　 **3** 7分18秒

4 7分21秒 　 **5** 7分24秒

練習問題 2

解答・解説は別冊33ページ

時速1.8kmで動いている上りのエスカレーターと階段が並んでいる通路で、エスカレーターに乗っている人が、階段を下りてきた5人の列とすれ違った。このとき、1人目から5人目まですれ違うのに5秒かかった。また、この5人の列は、時速720mで階段を下りている人を10秒かかって追い越したとすると、5人の列の長さはどれか。

ただし、列の長さは一定とする。

1 3m 　 **2** 5m 　 **3** 7m 　 **4** 9m 　 **5** 11m

16 仕事算

―― P O I N T ――

1 全体の仕事量を1とおく

2 1日あたりの仕事量 = $\dfrac{1}{かかった日数}$

例題1

甲1人でこなすと60日かかる仕事がある。この仕事を乙1人でこなすと84日かかるという。この仕事を甲、乙2人で共同してこなすと何日かかるか。

1 25日　　**2** 30日　　**3** 32日　　**4** 35日　　**5** 40日

こう解く！

全体の仕事量を1とおく。

甲が1日にこなす仕事量は $\dfrac{1}{60}$ 、

乙が1日にこなす仕事量は $\dfrac{1}{84}$ なので、

甲乙2人が1日にこなす仕事量は、$\dfrac{1}{60} + \dfrac{1}{84} = \dfrac{7}{420} + \dfrac{5}{420} = \dfrac{1}{35}$

全体の仕事量1を1日あたり $\dfrac{1}{35}$ ずつこなすので、

かかる日数は、$1 \div \dfrac{1}{35} = \mathbf{35}$

つまり、**35日**かかる。
よって、**正解は選択肢4。**

答 **4**

例題2

A、Bの2人が50m^{2}の部屋の清掃を終えるのに20分、A、Cの2人が33m^{2}の部屋の清掃を終えるのに22分、B、Cの2人が72m^{2}の部屋の清掃を終えるのに24分を要する。このとき、Cが1人で20m^{2}の部屋の清掃を終えるのに要する時間はどれか。

ただし、A～Cのそれぞれの単位時間あたりの作業量は一定とする。

1 10分　　**2** 20分　　**3** 30分　　**4** 40分　　**5** 50分

こう解く！

この問題は仕事量が示されているので、それを用いて式を作る。

A、B、C各人が1分あたりにこなす面積をそれぞれa、b、c(m^2)とする。

A、Bの2人が50m^{2}の清掃を終えるのに20分ゆえ

$(a + b) \times 20 = 50$　…①

同様に

$(a + c) \times 22 = 33$　…②

$(b + c) \times 24 = 72$　…③

①、②、③を連立して、cを求める。

①から、$a + b = \dfrac{50}{20}$　…①'

②から、$a + c = \dfrac{33}{22}^{\,3}_{\,2}$　→　$a = \dfrac{3}{2} - c$　…②'

③から、$b + c = \dfrac{72}{24}^{\,3}_{\,1}$　→　$b = 3 - c$　…③'

②'③'を①'に代入する。

$$\dfrac{3}{2} - c + 3 - c = \dfrac{5}{2} \qquad 2c = 2 \qquad c = 1$$

Cは1分あたり1m^{2}をこなすので、20m^{2}だと、20 ÷ 1 = **20**(分)。

よって、**正解は選択肢2。**

答 **2**

練習問題 1

解答・解説は別冊34ページ

ある作業をA、B、Cの3人で行う。

1日に行う仕事量の割合がA：B：C＝3：3：2であり、3人が休まず仕事をすると30日で終了することがわかっている。

いま、作業の終了までにAが5日、Bが3日、Cが4日休むとき、この作業に要する日数はどれか。

1　33日
2　34日
3　35日
4　36日
5　37日

練習問題 2

解答・解説は別冊34〜35ページ

A、Bの2人で行うとAだけで行うより12日間早く終了し、Bだけで行うより27日間早く終了する仕事を、Aだけで行うとき、終了するまでにかかる日数として、正しいのはどれか。

1　18日
2　24日
3　30日
4　36日
5　42日

練習問題 3

解答・解説は別冊35ページ

ある作業を、AとBとの2人で共同して行うと、Aだけで行うより4日
早く終了し、Bだけで行うより9日早く終了する。
この作業をAだけで行う場合の作業日数として、正しいのはどれか。
ただし、A、Bの1日あたりの作業量はそれぞれ一定とする。

1 10
2 11
3 12
4 13
5 14

ひとこと

仕事算は数的推理の頻出分野トップといっても過言
ではない。しかも解法が決まっていて解きやすい。
数的推理が苦手な人も、仕事算だけはしっかりマス
ターしよう！

17 ニュートン算

POINT

1 もとの量＋流れ込む量＝排出した量　等しくなったとき　空になる

2 1＋x（ℓ/分）×t（分）＝y（ℓ/分）×n（台）×t（分）

1：もとの量　x（ℓ/分）：1分間の流水量　t（分）：稼働時間
y（ℓ/分）：ポンプ1台1分あたりの排水量　n（台）：ポンプの台数

例 題

ある施設に設置されたタンクには、地下水が常に一定の割合で流入している。このタンクにポンプを設置して排水すると、3台同時に使用したときは21分、4台同時に使用したときは15分で、それぞれタンクが空となる。

この場合、このタンクを7分で空にするのに必要なポンプの台数として、正しいのはどれか。

ただし、給水開始前のタンク内の水量はいずれも等しく、ポンプの毎分の排水量はすべて等しくかつ一定である。

1　6台
2　7台
3　8台
4　9台
5　10台

こう解く！

(1)公式にあてはめて式をたてる

問題文にしたがって式をたてる。地下水の流入を1分あたり $x\ell$ とおく。排水ポンプ1台の1分あたりの排水量を $y\ell$ とおく。

3台同時に使用したときは21分で空になるので、

$$1 + \underset{\text{もとの量}}{x}(\ell/分) \times 21分 = y(\ell/分) \times 3台 \times 21分 \quad \cdots ①$$

4台同時に使用したときは15分で空になるので、

$$1 + \underset{\text{もとの量}}{x} \times 15 = y \times 4 \times 15 \quad \cdots ②$$

(2) x、y を求める

①と②を連立して、x、y を求める。

> ① $1 + 21x = 63y$
> ② $1 + 15x = 60y$

$$
\begin{array}{rl}
①\times 5\cdots & 5 + 105x = 315y \\
②\times 7\cdots -) & 7 + 105x = 420y \\
\hline
& -2 = -105y
\end{array}
$$

$$\therefore y = \frac{2}{105}$$

これを①に代入して、

$$\frac{105}{105} + 21x = 63 \times \frac{2}{105}$$

$$21x = \frac{21}{105}$$

$$x = \frac{1}{105}$$

(3)ポンプの台数を n とおく

次に、7分で空にするために必要な排水ポンプの台数を求める。必要な台数を n 台とすると、次の式がたてられる。

$$1 + \underset{x}{\frac{1}{105}} \times 7分 = \underset{y}{\frac{2}{105}} \times n台 \times 7分$$

$$\frac{105}{105} + \frac{7}{105} = \frac{14}{105}n$$

$$\frac{112}{105} = \frac{14}{105}n$$

式を解くと、$n = 8$。必要な台数は**8台**。

よって、**正解は選択肢3**。

答 **3**

常に一定量の水が湧き出している貯水池からポンプを用いて水をすべて汲み出し、貯水池を一時的に空にする作業を行う。

いま、同型のポンプが複数台用意されており、この作業に要する時間は、ポンプを3台用いた場合は30分、4台用いた場合は20分かかる。

この作業を10分で終えるためには、ポンプは最低何台必要か。

なお、各作業開始時の水量は一定とする。

1　5台
2　6台
3　7台
4　8台
5　9台

映画館で切符を売り始めたとき、すでに行列ができており、毎分20人の割合で人が行列に加わるものとする。

窓口が1つのときは1時間で行列がなくなり、窓口を5つにすると6分で行列がなくなる。

切符を売り始めたときに並んでいた人数はどれか。

ただし、どの窓口も1分間にさばける人数は一定である。

1　920人
2　960人
3　1000人
4　1040人
5　1080人

練習問題 3

解答・解説は別冊37ページ

あるサービス機関では、毎朝9時に受付を開始する。受付開始までに行列を作って待っている人数は毎朝一定であり、さらに毎分あらたに到着して行列に並ぶ人数も一定であるとわかっている。

いま、9時に受付窓口を1つ設けると行列は60分でなくなり、受付窓口を2つ設けると20分でなくなるという。

このとき、受付窓口を3つ設けると行列は何分でなくなるか。

1　5分
2　6分
3　8分
4　10分
5　12分

ひとこと

式がたてられても計算ができなければ試験本番で答えが出せないことも。連立方程式を解いて、しっかり答えが出せるように練習しておこう!

速さの公式／出会い・追いつき

(1)速さの公式

(速さ)×(時間)＝(距離)

$$(\text{速さ})＝\frac{(\text{距離})}{(\text{時間})}、\quad (\text{時間})＝\frac{(\text{距離})}{(\text{速さ})}$$

公式にあてはめて計算するときは、必ず単位を揃える！

(例)時速60kmで3分走ったら、移動距離は何mか。

$$60 \times \frac{3}{60} = 3\text{km} \qquad \text{ゆえ3,000m}$$

$$x\text{分}＝\frac{x}{60}\text{時間} \qquad y\text{秒}＝\frac{y}{60}\text{分}＝\frac{y}{60 \times 60}\text{時間}$$

(2)出会い・追いつき

スタート

1周 lmの
グラウンド

①スタート地点からA君(速さ a)とB君(速さ b)が逆方向に走った場合

$$(\text{A君とB君がはじめて出会うまでの時間})＝\frac{l}{(a+b)}$$

②スタート地点からA君(速さ a)とB君(速さ b)が同じ方向に走った場合

$$(\text{A君がB君をはじめて追い越すまでの時間})＝\frac{l}{(a-b)}$$

数的推理

4日目

三角形の面積

POINT

1 直角三角形が出たら三平方の定理

2 定番の問題をしっかり押さえる

例 題

次の図のような、AB = 5、BC = 7、CA = 6 とする三角形 ABC の面積はどれか。

1 3

2 $3\sqrt{6}$

3 $6\sqrt{6}$

4 $\dfrac{21}{\sqrt{2}}$

5 $\dfrac{35\sqrt{3}}{4}$

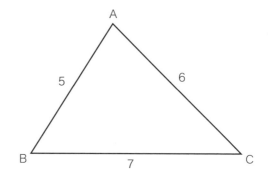

先生の作戦

①三角形の面積　底辺×高さ×$\dfrac{1}{2}$

②高さが不明なので、A から底辺 BC に垂線を引き、BC との交点を D とし、AD = h とする。

③直角三角形が 2 つ（△ ABD、△ ACD）できる。

④直角三角形では、各辺の長さに対して右の関係が成立する（三平方の定理）。

$$a^2 + b^2 = c^2$$

こう解く！

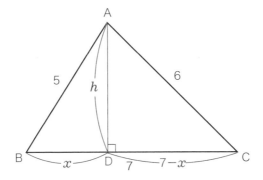

AからBCに垂線を引き、交点をD、AD $= h$、
BD $= x$（よってDC $= 7 - x$）とおく。

$\triangle$ABDは直角三角形ゆえ、$x^2 + h^2 = 5^2$　$\cdots$①
$\triangle$ACDは直角三角形ゆえ、$h^2 + (7 - x)^2 = 6^2$　$\cdots$②

②より
$$h^2 + 49 - 14x + x^2 = 36$$
$$h^2 = 36 - 49 + 14x - x^2$$
$$h^2 = -13 + 14x - x^2 \quad \cdots ②'$$

②'を①に代入すると、
$$x^2 + (-13 + 14x - x^2) = 25$$
$$x^2 - 13 + 14x - x^2 = 25$$
$$14x = 38$$

$$x = \frac{38}{14}$$

$\therefore x = \dfrac{19}{7}$　 ← BD の長さ

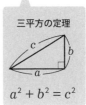

三平方の定理

$$a^2 + b^2 = c^2$$

$x = \dfrac{19}{7}$ を①に代入する。　　　←── ① $x^2 + n^2 = 5^2$

$(\dfrac{19}{7})^2 + h^2 = 25$

$h^2 = 25 - (\dfrac{19}{7})^2$

$h^2 = 25 - \dfrac{19 \times 19}{49}$

$h^2 = \dfrac{25 \times 49 - 19 \times 19}{49}$

$h^2 = \dfrac{864}{49}$

$\therefore h = \sqrt{\dfrac{864}{49}} = \dfrac{\sqrt{864}}{\sqrt{49}} = \dfrac{\sqrt{864}}{7}$

$\sqrt{864}$ を求めるために、864 を素因数分解する。

$\begin{array}{r|r} 2 & 864 \\ 2 & 432 \\ 2 & 216 \\ 2 & 108 \\ 2 & 54 \\ 3 & 27 \\ 3 & 9 \\ \hline & 3 \end{array}$

→ 素因数分解は小さい素数から順に、
割り切れないかどうかを試す。
素数とは1とその数字以外で割り
切れない数のこと。
▶ 2, 3, 5, 7, 11, 13……

$\therefore 864 = 2 \times 2 \times 2 \times 2 \times 2 \times 3 \times 3 \times 3$

$= 4^2 \times 3^2 \times 2 \times 3$

$\therefore \sqrt{864} = \sqrt{4^2 \times 3^2 \times 2 \times 3}$
$= \sqrt{4^2} \times \sqrt{3^2} \times \sqrt{2} \times \sqrt{3}$
$= 4 \times 3 \times \sqrt{2 \times 3}$
$= 12\sqrt{6}$

よって、$h = \dfrac{12\sqrt{6}}{7}$ とわかる。　←── AD の長さ

以上より、△ABCの面積は、

$7 \times \dfrac{12\sqrt{6}}{7} \times \dfrac{1}{2} = \mathbf{6\sqrt{6}}$　←── 底辺×高さ×$\dfrac{1}{2}$

よって、**正解は選択肢3**。

答 **3**

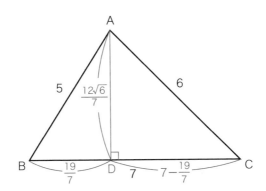

30°・60°・90°の直角三角形の3辺の比

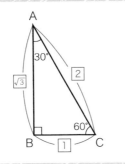

左図の角度の三角形の場合、
辺の長さの比は
AC：CB：BA = 2：1：$\sqrt{3}$
となる。

解答・解説は別冊38〜39ページ

練習問題 1

右の図のように、2つの三角形
△ABCと△DEBが重なっている。
AB＝BD＝12cmのとき、
斜線部の面積はいくらか。

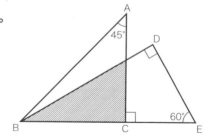

1　$6\sqrt{6}$
2　$12\sqrt{6}$
3　$12\sqrt{3}$
4　$10\sqrt{6}$
5　$10\sqrt{5}$

練習問題 2

解答・解説は別冊39〜40ページ

右の図のような、辺AB＝AC、
BC＝aの二等辺三角形ABCがあり、
点Dを辺AB上にAD＝CD＝BCと
なるようにおいたとき、辺ACの長さ
として、正しいのはどれか。

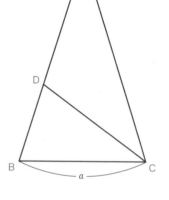

1　$\dfrac{1+\sqrt{5}}{2}a$　　　　**2**　$\dfrac{2+\sqrt{2}}{2}a$

3　$\dfrac{1+\sqrt{6}}{2}a$　　　　**4**　$\dfrac{1+\sqrt{7}}{2}a$

5　$\dfrac{2+\sqrt{3}}{2}a$

練習問題 3

解答・解説は別冊40ページ

右の図のように、直角三角形ABC
の∠BACの二等分線の辺BCとの
交点をDとする。ABを2、BDを1
とするとき、直角三角形ABCの面
積はどれか。

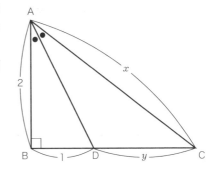

1 $\dfrac{11}{2}$

2 $\dfrac{10}{3}$

3 3

4 $\dfrac{8}{3}$

5 $\dfrac{7}{3}$

ヒント

角の2等分と線分の比

下図のように角Aの2等分線とBCの交点をDと
すると次の関係が成り立つ。

BD : DC = AB : AC

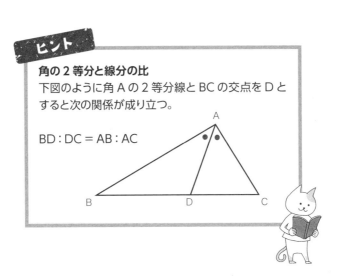

---

19 円と三角形の面積

POINT

1 円の中心と結べる点は、すべて結んでみる

2 半径はどこを取っても同じ長さ

例 題

右の図のように、半径6cmの2つ
の円がそれぞれの中心を通るように
交わっているとき、斜線部分の面積
はどれか。ただし、円周率はπとする。

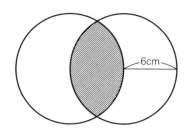

1 12π

2 18π

3 $12\pi - 9\sqrt{3}$

4 $24\pi - 18\sqrt{3}$

5 $24\pi + 18\sqrt{3}$

こう解く！

(1)半径に着目する

右の円の半径と左の円の半径を結び、
円の中心をO_1、O_2、
2つの円が交わる点をA、Bとしておく。

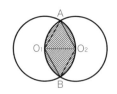

円O_1、円O_2ともに半径は6cmなので、
$\triangle AO_1O_2$、$\triangle BO_2O_1$はともに正三角形であることがわかる。
正三角形の3つの角はそれぞれ60°なので
$\angle AO_2O_1 = 60°$　　$\angle BO_2O_1 = 60°$
よって、$\angle AO_2B = 60° + 60° = \mathbf{120°}$

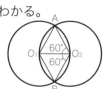

(2)面積を求める

→おうぎ形の面積＝円の面積（半径×半径×円周率）× $\dfrac{\text{中心角}}{360°}$

①右の図の斜線の部分の面積

中心角120°のおうぎ形O_2ABであるから

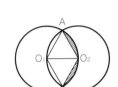

$$6 \times 6 \times \pi \times \frac{120}{360} = \mathbf{12\pi}\,(\text{cm}^2)$$

②残りの右図の斜線部分の面積

この部分は下のように考えることができる。

①中心角60°のおうぎ形の面積

$$6 \times 6 \times \pi \times \frac{60}{360} = \mathbf{6\pi}\,(\text{cm}^2)$$

②1辺6cmの正三角形

右の図のように、AからO_1O_2に垂線を引きO_1O_2との交点をDとする。
△AO_1Dは、30°・60°・90°の直角三角形なので、
$O_1D : AD = \mathbf{1} : \sqrt{\mathbf{3}}$、$O_1D$が3なので、$AD = \mathbf{3\sqrt{3}}$
→87ページ参照

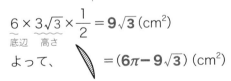

以上より、正三角形の面積は、

$$6 \times 3\sqrt{3} \times \frac{1}{2} = \mathbf{9\sqrt{3}}\,(\text{cm}^2)$$

底辺　高さ

よって、$\qquad = (\mathbf{6\pi - 9\sqrt{3}})\,(\text{cm}^2)$

(3)それぞれの面積を足す

以上をまとめると、

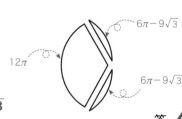

$6\pi - 9\sqrt{3}$
12π
$6\pi - 9\sqrt{3}$

$12\pi + (6\pi - 9\sqrt{3}) \times 2$
$= 12\pi + 12\pi - 18\sqrt{3} = \mathbf{24\pi - 18\sqrt{3}}$

よって、**正解は選択肢4。**

答 **4**

解答・解説は別冊41ページ

右の図のように、半径10cmの半円Oの円弧を3等分する点をC、Dとし、AC間、CD間、DB間に直線を引き、この線分で分割された円弧を内側に折り返した。このときできた円弧と、もとの円弧に囲まれた面積の合計はどれか。ただし、円周率はπとする。

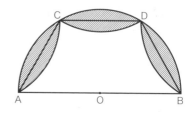

1 $100\pi - 150\sqrt{3}\ \mathrm{cm}^2$

2 $150\pi - 200\sqrt{3}\ \mathrm{cm}^2$

3 $200\pi - 250\sqrt{3}\ \mathrm{cm}^2$

4 $250\pi - 300\sqrt{3}\ \mathrm{cm}^2$

5 $300\pi - 350\sqrt{3}\ \mathrm{cm}^2$

解答・解説は別冊42ページ

右の図のような、1辺の長さがaの正方形と、正方形の各辺を半径とする円弧からなる図形の斜線部分の面積として、正しいのはどれか。ただし、円周率はπとする。

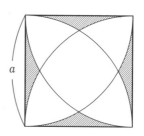

1 $\left(1 - \dfrac{\sqrt{3}}{4} - \dfrac{\pi}{6}\right)a^2$　　　**2** $\left(1 - \dfrac{\sqrt{3}}{4} - \dfrac{\pi}{12}\right)a^2$

3 $\left(1 - \dfrac{\sqrt{3}}{4} - \dfrac{2\pi}{3}\right)a^2$　　　**4** $\left(4 - \sqrt{3} - \dfrac{2\pi}{3}\right)a^2$

5 $\left(4 - \sqrt{3} - \dfrac{\pi}{6}\right)a^2$

練習問題 3

解答・解説は別冊43ページ

右の図のような、1辺の長さが$2a$の正三角形とその内接する円で構成された斜線部の面積はどれか。ただし、円周率はπとする。

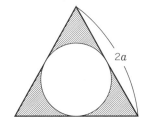

1 $\left(\sqrt{3}-\dfrac{1}{3}\pi\right)a^2$

2 $\left(\sqrt{3}-\dfrac{2}{3}\pi\right)a^2$

3 $\left(\sqrt{3}-\pi\right)a^2$

4 $\left(\sqrt{3}-\dfrac{4}{3}\pi\right)a^2$

5 $\left(\sqrt{3}-\dfrac{5}{3}\pi\right)a^2$

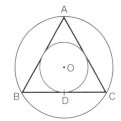

・正三角形の外心と内心は正三角形の重心と重なる。
・三角形の重心は中線を2：1に内分する。よって、左図の正三角形の各辺の長さをaとすると、

$$AD = \dfrac{a}{2}\sqrt{3}$$

ADを2：1に内分する点が O ゆえ

$$AO = \dfrac{a}{2}\sqrt{3} \times \dfrac{2}{3} \text{（外接円の半径）}$$

$$OD = \dfrac{a}{2}\sqrt{3} \times \dfrac{1}{3} \text{（内接円の半径）}$$

20 面 積

── POINT ──

1 相似な三角形を探す

2 相似比 $a:b$ なら、面積比 $a^2:b^2$

例題

次の図のように、辺 BC = 24cm とする長方形 ABCD があり、辺 AB の中点を E、辺 AD を 4 等分した点をそれぞれ F、G、H とし、F、G、H から辺 BC に垂線を引いた。いま、C から A、E 及び G に直線を引き、∠CGD = 45° であるとき、斜線部の面積はどれか。

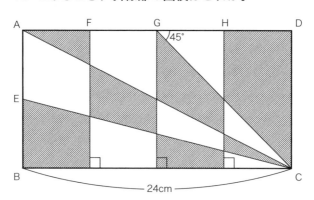

1 108cm^2　　**2** 126cm^2　　**3** 144cm^2

4 162cm^2　　**5** 180cm^2

E から DC に垂線を引いてみる。

こう解く！

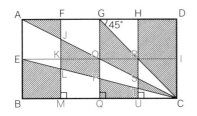

左図のように長方形ABCDを縦に二分する線を引き、CDとの交点をIとする。各交点をJ〜Uとする。

BC＝24cmで、長方形ゆえADも**24**cm。
F、G、HはADを4等分する点ゆえ、AF＝FG＝GH＝HD＝**6**cm。

また、∠CGD＝45°ゆえ、△DGCは直角二等辺三角形。
DGはGH＋HDゆえ**12**cm。よって、DC＝**12**cm。
DC＝ABゆえ、AB＝**12**cm。Eは中点ゆえAE＝EB＝**6**cm。

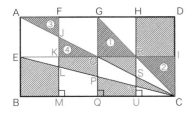

以上より、
この長方形は6×6＝**36**cm^{2}の正方形を**8**枚つなげてできていることがわかる。
左図で①と②で正方形1つ分、
③と④で正方形の半分とわかる。

次に、△CTUと△CPQは**相似**。
CU＝6cm、CQ＝12cmゆえ、
相似比は**1：2**。TU：PQ＝**1：2**。
他方、△CSTと△COPも相似比**1：2**で**相似**。
また、OP＝PQゆえ、ST＝TUとわかる。

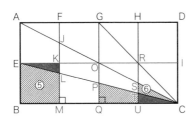

△CUTと△CTSのそれぞれの底辺をTU、ST、高さをCUとすると、
TU＝STであり高さは同じゆえ、△CUTと△CTSの面積は**等しい**。
△CTUと△ELKは**合同**ゆえ、△ELKの面積と△CTSの面積は**等しい**。
以上より、⑤と⑥で正方形1つ分。

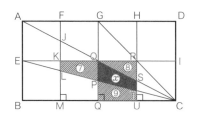

台形LKOP（⑦）と台形TSOP（x）に着目する。

それぞれの上底は上述のとおり

KL＝TU＝STゆえ、**等しい**。

下底はOPで共通。それぞれ高さは6cmである。

台形の面積＝（上底＋下底）×高さ×$\dfrac{1}{2}$

ゆえ、⑦とxの面積は等しい。よって、⑧と⑦（x）と⑨で正方形1つ分。

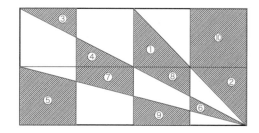

以上をまとめると、

①と②で正方形1つ。

③と④で正方形半分。

⑤と⑥で正方形1つ。

⑦⑧⑨で正方形1つ。

⑩は正方形。

よって、正方形**4**つ分と正方形の**半分**。

正方形の面積は6×6＝**36**cm²ゆえ、

$$36 \times 4 + 36 \times \dfrac{1}{2} = \mathbf{162}\,(\text{cm}^2)$$

よって、**正解は選択肢4。**

答 **4**

解答・解説は別冊44～45ページ

練習問題 1

右の図のように、三角形 ABC は、AB＝AC の二等辺三角形であり、辺 AB 上に点 D、F が、辺 AC 上に点 E、G が置かれ、線分 DE、EF、FG、GB によって 5 つの三角形に分割されている。この 5 つの三角形のそれぞれの面積がすべて等しいとき、AD の長さと AE の長さの比として、正しいのはどれか。

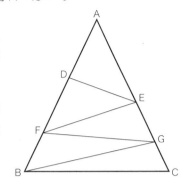

```
  AD : AE
1  5 :  7
2  9 : 13
3 15 : 22
4 45 : 62
5 45 : 64
```

練習問題 2

解答・解説は別冊46～47ページ

右の図のような、半径 1m の半円がある。いま、円弧を 6 等分する点を C、D、E、F、G とするとき、斜線部の面積はどれか。ただし、円周率は π とする。

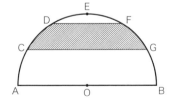

1   $\dfrac{\pi}{2} - \dfrac{\sqrt{3}}{4}$ m^2

2   $\dfrac{\pi}{3} - \dfrac{\sqrt{3}}{4}$ m^2

3   $\dfrac{\pi}{3}$ m^2

4   $\dfrac{\pi}{6} - \dfrac{\sqrt{3}}{4}$ m^2

5   $\dfrac{\pi}{6}$ m^2

21 立体の切断面の面積

POINT

1 同一平面上の2点は直線で結ぶ

2 平行な面には平行な切断面が入る

例題

右図のように、3つの辺の長さがそれぞれ a、$3a$、$2a$ である直方体の3つの頂点を結んでできる斜線部分の面積として、正しいのはどれか。

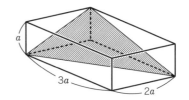

1 $\dfrac{5}{2}a^2$

2 $\dfrac{7}{2}a^2$

3 $\dfrac{9}{2}a^2$

4 $\sqrt{10}\,a^2$

5 $\sqrt{13}\,a^2$

先生の作戦

直角三角形があれば三平方の定理が使えないかを検討しよう！

こう解く！

(1)直角三角形を探す

直方体の各頂点を右図のように
A〜Fとする。
△ADB、△BCF、△DEFは
それぞれ直方体の各辺を
2辺とする直角三角形である。

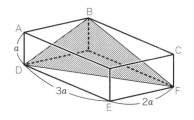

(2)三平方の定理を考える

①△ADBに着目する

$AD^2 + AB^2 = DB^2$、$AD = a$、$AB = 2a$から、
$a^2 + (2a)^2 = DB^2$、$DB^2 = a^2 + 4a^2 = 5a^2$
∴$DB = \sqrt{5}\,a$ ⋯①

三平方の定理
$$x^2 + y^2 = z^2$$

②△BCFに着目する

$BC^2 + CF^2 = BF^2$、$BC = 3a$、$CF = a$から、
$(3a)^2 + a^2 = BF^2$、$BF^2 = 9a^2 + a^2 = 10a^2$
∴$BF = \sqrt{10}\,a$ ⋯②

③△DEFに着目する

$FE^2 + ED^2 = FD^2$、$FE = 2a$、$ED = 3a$から、
$(2a)^2 + (3a)^2 = FD^2$
$FD^2 = 4a^2 + 9a^2 = 13a^2$
∴$FD = \sqrt{13}\,a$ ⋯③

(3)斜線部分の三角形の面積の求め方を考える

①〜③によって、斜線部分の三角形△
BDFの各辺の長さが判明した。△BDF
が直角三角形なら、ここまでで出した辺
をそのまま使って面積が出せるのだが、

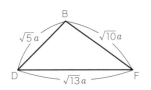

$BD^2 + BF^2 = 5a^2 + 10a^2 = 15a^2$
$DF^2 = 13a^2$
$BD^2 + BF^2 > DF^2$
となっており、△BDFは直角三角形ではない。

そのため、△BDFの高さを求める必要
がある。BからDFに垂線を引き、
DFとの交点をHとする。

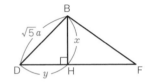

BH＝x、DH＝yとすると、△BHDは直角三角形なので
$BH^2 + HD^2 = BD^2$
$\therefore x^2 + y^2 = (\sqrt{5}\,a)^2 = \mathbf{5a^2}$ …④

△BHFに着目すると、
$BH^2 + HF^2 = BF^2$
BH＝x、HF＝$DF - y = \sqrt{13}\,a - y$、BF＝$\sqrt{10}\,a$を代入すると、
$x^2 + (\sqrt{13}\,a - y)^2 = (\sqrt{10}\,a)^2$ $x^2 + 13a^2 - 2\sqrt{13}\,ay + y^2 = 10a^2$
$x^2 + y^2 = \mathbf{2\sqrt{13}\,ay - 3a^2}$ …⑤

⑤に④を代入すると、
$5a^2 = 2\sqrt{13}\,ay - 3a^2$ $8a^2 = 2\sqrt{13}\,ay$

$\therefore y = \dfrac{8a^2}{2\sqrt{13}\,a} = \dfrac{\mathbf{4a}}{\sqrt{\mathbf{13}}}$ …⑥

⑥を④に代入すると、

$x^2 + (\dfrac{4a}{\sqrt{13}})^2 = 5a^2$

$x^2 = 5a^2 - \dfrac{16a^2}{13} = \dfrac{65a^2 - 16a^2}{13} = \dfrac{49a^2}{13}$

$\therefore x = \dfrac{7a}{\sqrt{13}} = \dfrac{7a}{\sqrt{13}} \times \dfrac{\sqrt{13}}{\sqrt{13}} = \dfrac{\mathbf{7a\sqrt{13}}}{\mathbf{13}}$

よって、△BDFの高さ＝$\dfrac{\mathbf{7a\sqrt{13}}}{\mathbf{13}}$

(4)三角形の面積を求める

三角形の面積＝底辺×高さ×$\dfrac{1}{2}$

△BDFの面積は、$\sqrt{13}\,a \times \dfrac{7a\sqrt{13}}{13} \times \dfrac{1}{2} = \dfrac{\mathbf{7}}{\mathbf{2}}a^2$

よって、**正解は選択肢2。**

答 **2**

練習問題 1

解答・解説は別冊48〜49ページ

右図のような、1辺が4cmの立方体がある。この立方体を点A、B、Cを通る平面で切断したとき、断面の面積はどれか。

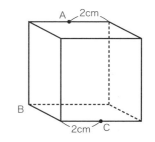

1 $4\sqrt{6}$ cm^2

2 $4\sqrt{15}$ cm^2

3 $8\sqrt{5}$ cm^2

4 $8\sqrt{6}$ cm^2

5 20cm^2

切断面の作成手順

1 同じ平面上の2点を探し、その2点は直線で結ぶ。
   ・右図で点X、Hは平面DCGH上にあるのでXとHを結ぶ。
   ・点H、Yは平面HGFE上にあるのでHとYを結ぶ。

2 平行な面には平行な切断面が入る。
   ・平面DCGHと平面ABEFは平行面であるから、平面ABEFには、XHと平行な線が入る。
   ・ab、cd、ef、ghのいずれも可能性がある。

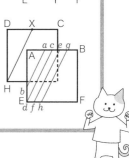

立体の体積

── P O I N T ──

1 長方体の体積＝底面積×高さ

2 円すいの体積＝底面積×高さ×$\dfrac{1}{3}$

例 題

次の図のように、直径6mの球がある。
この球に内接する立方体ABCD－EFGHの体積はどれか。

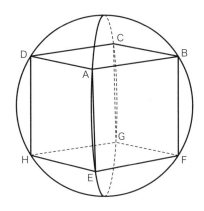

1 $20\sqrt{2}\,\mathrm{m}^3$　　**2** $24\sqrt{2}\,\mathrm{m}^3$　　**3** $20\sqrt{3}\,\mathrm{m}^3$

4 $24\sqrt{3}\,\mathrm{m}^3$　　**5** $20\sqrt{5}\,\mathrm{m}^3$

先生の作戦

立方体の体積＝底面積×高さ、
すなわち（一辺の長さ）^{3}である。
まずは立方体の一辺の長さを求める。

こう解く！

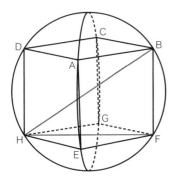

立方体は球に内接しているので、A−G、B−H、C−E、D−Fがちょうど球の直径となっている。

左の図のようにBHを結び、△BHFを作る。

立方体の体積を求めるには立方体の一辺の長さを求めればよい。
立方体の一辺の長さを x m とおく。
HFは正方形EFGHの対角線ゆえ、$\sqrt{2}\,x$。

⟶ 45°・45°・90°の直角三角形の3辺の比＝1:1:$\sqrt{2}$

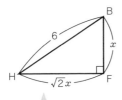

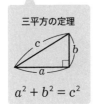

三平方の定理

$$a^2 + b^2 = c^2$$

△BHFは直角三角形ゆえ、
三平方の定理より、

$$x^2 + (\sqrt{2}\,x)^2 = 6^2$$
$$x^2 + 2x^2 = 36$$
$$3x^2 = 36$$
$$x^2 = 12$$
$$x = \sqrt{12}$$
$$x = \sqrt{2 \times 2 \times 3}$$
$$x = \mathbf{2\sqrt{3}}$$

以上より、立方体の体積は、
$2\sqrt{3} \times 2\sqrt{3} \times 2\sqrt{3} = \mathbf{24\sqrt{3}}$ (m^3)　◀── 立方体の体積＝(一辺の長さ)^3
よって、**正解は選択肢4**。

答 **4**

図のような円すい形の容器に135cm³の水を入れると $\dfrac{3}{5}$ の高さになった。

容器をいっぱいにするためにはあと何cm³の水が必要か。

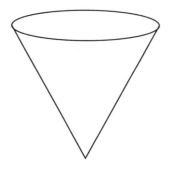

1	225cm³	**2**	360cm³	**3**	490cm³
4	540cm³	**5**	630cm³		

図のような円すいに内接する球の体積はいくらか。

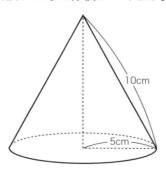

10cm

5cm

1 $\dfrac{100}{9}\pi$ 　　　　**2** $\dfrac{500\sqrt{3}}{27}\pi$ 　　　　**3** $\dfrac{125}{12}\pi$

4 $\dfrac{4\pi+125\sqrt{3}}{27}$ 　　　**5** $\dfrac{12\pi+375\sqrt{3}}{9}$

体積の公式を押さえておこう

①立方体

体積 $V = a^3$

②長方体

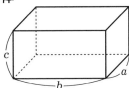

体積 $V = a \times b \times c$

③円すい

体積 $V = \dfrac{1}{3}\pi r^2 h$

（底面積×高さ×$\dfrac{1}{3}$）

④球

体積 $V = \dfrac{4}{3}\pi r^3$

三角形の相似条件について

以下の①〜③のいずれかの条件が満たされれば２つの三角形は相似である。

①２組の角がそれぞれ等しい

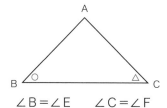 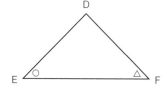

∠B＝∠E　　∠C＝∠F

②２組の辺の比とその間の角が等しい

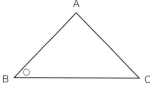 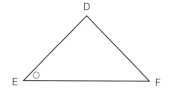

AB：BC＝DE：EF
∠B＝∠E

③３つの辺の比がすべて等しい

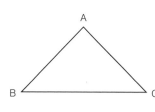 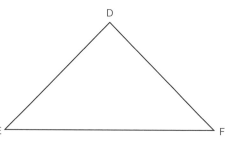

AB：BC：CA＝DE：EF：FD
これは以下のようにいえる。
AB：DE＝BC：EF＝CA：FD

上記の２つの三角形でAB：DE＝３：１のとき、相似比３：１という。

相似比 $a : b$　であれば　面積比 $a^2 : b^2$

判断推理

5日目

23 対応関係

POINT

1 対応表を作る

2 1つの要素が決まったとき、
それが他に影響しないか調べる

例題

A〜Fの6人が、コンビニエンスストアで梅干し、たらこ、さけ、昆布
の4種類のおにぎりのうち、種類の異なるものを2個ずつ買った。
いま、次のア〜カのことがわかっているとき、確実にいえるのはどれか。

ア　6人が買ったおにぎりの組み合わせは、それぞれ異なっていた。

イ　Aはたらこを買った。

ウ　B、E、Fは同じ種類のおにぎりを1個買った。

エ　Cは、Fが買ったおにぎりと同じ種類のものを買わなかった。

オ　Dは、梅干しとさけを買った。

カ　Eは、梅干しを買った。

1　Aの買ったおにぎりの1つは、梅干しであった。

2　Bは、たらこと昆布を買った。

3　Cは、たらことさけを買った。

4　Eの買ったおにぎりの1つは、さけであった。

5　Fは、梅干しと昆布を買った。

先生の作戦

①問題文を把握して対応表を作る。

②問題文からわかることを表に書き入れていく。

③場合分けをする。

④選択肢から確実にいえることを探す。

こう解く！

(1)まず、A〜Fの各人とおにぎりを対応させる表を作る

	梅干し	たらこ	さけ	昆布	計
A					
B					
C					
D					
E					
F					
計					

(2)条件ア〜カのうち、すぐわかるものを表に反映させる

	梅干し	たらこ	さけ	昆布	計
A		○イ			2
B					2
C					2
D	○オ		○オ		2
E	○カ				2
F					2
計					

条件を入れた上記の表から、次のことがわかるので、表に書き込む。

・Dの買った2個は「梅干し」「さけ」とわかっているので、「たらこ」と「昆布」に×をつける。 ◀ココ重要

・6人が2個ずつ買うので、買った数は全部で12個となる。

・条件アより、6人の買った組み合わせはそれぞれ異なっていたので、4種類のおにぎりは各**3**個であることがわかる。

	梅干し	たらこ	さけ	昆布	計
A		○			2
B					2
C					2
D	○	✕	○	✕	2
E	○				2
F					2
計	**3**	**3**	**3**	**3**	**12**

・条件ウより、B、E、Fが同じ種類のおにぎりを買っている。おにぎりは1種類につき3個までなので、B、E、Fが買える同じ種類のおにぎりは「**昆布**」と決まる。ほかだと4個になってしまう。

・1種類3個ということから、A、Cは「**昆布**」を買っていないことになるので、×を入れる。

・Eは「**梅干し**」「**昆布**」に決まるので、「たらこ」と「さけ」に×を入れる。

	梅干し	たらこ	さけ	昆布	計
A		○		✕	2
B				○	2
C				✕	2
D	○	×	○	×	2
E	○	✕	✕	○	2
F				○	2
計	3	3	3	3	12

(3)条件エを検討する

「Cは、Fが買ったおにぎりと同じ種類のものを買わなかった」とある。よって、CとFの買い方は6通りできる。

	梅干し	たらこ	さけ	昆布	計
C	○	○			2
F			○	○	2

	梅干し	たらこ	さけ	昆布	計
C		○	○		2
F	○			○	2

	梅干し	たらこ	さけ	昆布	計
C		○		○	2
F	○		○		2

	梅干し	たらこ	さけ	昆布	計
C		○	○		2
F	○	○			2

	梅干し	たらこ	さけ	昆布	計
C	○			○	2
F		○	○		2

	梅干し	たらこ	さけ	昆布	計
C	○		○		2
F		○		○	2

条件エを満たすには、CかFのどちらかが、4種類のどれか1つを買うことになる。

・「梅干し」はすでにD、Eと、CかFのどちらかが買って3個になるのでAとBには×が入る。

	梅干し	たらこ	さけ	昆布	計
A	✖	○		×	2
B	✖			○	2
C	△	△	△	×	2
D	○	×	○	×	2
E	○	×	×	○	2
F	△	△	△	○	2
計	3	3	3	3	12

表に書き入れたらつねに縦と横を見て、
連動して入れられるところがないかをチェックする

これよりAが買った2種類は「**たらこ**」「**さけ**」とわかる。
これで「さけ」を買った3人が決まったので、Bが「昆布」以外に買ったもう1個は、「**たらこ**」と決まる。

	梅干し	たらこ	さけ	昆布	計
A	×	○	**○**	×	2
B	×	**○**	**✖**	○	2
C	△	△	△	×	2
D	○	×	○	×	2
E	○	×	×	○	2
F	△	△	△	○	2
計	3	3	3	3	12

④上の表より、確実にいえる選択肢を選ぶ。

1 Aの買ったおにぎりの1つは、梅干しであった。
　　……Aは「たらこ」「さけ」なので間違い。
2 Bは、たらこと昆布を買った。……**正しい。**
3 Cは、たらことさけを買った。……Cが買ったとは確実にはいえない。
4 Eの買ったおにぎりの1つは、さけであった。
　　……Eは「梅干し」「昆布」なので間違い。
5 Fは、梅干しと昆布を買った。
　　……Fは「昆布」を買ったが、「梅干し」を買ったとは確実にいえない。

答 **2**

ある会社では学生向けにインターンシップを実施しており、ある週の月曜日から木曜日の4日間に、総務課、人事課、経理課、営業課でA～Dの4人の学生を受け入れた。

各課への配属状況が次のア～オの通りであったとき、確実にいえるのはどれか。

ただし、各課には複数の学生が配属されることもあったものとする。

ア　学生は、4つの課のすべてに1日単位で配属された。

イ　学生が1人も配属されなかったのは、総務課は木曜日、人事課は火曜日、経理課は木曜日、営業課は月曜日と火曜日であり、その他の日にはそれぞれの課に1人以上配属された。

ウ　Aは、月曜日に人事課、火曜日に総務課、水曜日に経理課、木曜日に営業課に配属された。

エ　Bは、経理課に配属された次の日に総務課に配属された。

オ　Dは、火曜日に総務課、木曜日に人事課に配属された。

1　Aは、1回だけBと同じ日に同じ課に配属された。

2　Bは、2回だけDと同じ日に同じ課に配属された。

3　Cは、木曜日に営業課に配属された。

4　Dは、水曜日に経理課に配属された。

5　A、B、Cの3人が同じ日に同じ課に配属されることはなかった。

・各課を縦軸に、各曜日を横軸に表を作る。
・Bの入る課については場合分けが必要。

練習問題 2

解答・解説は別冊54〜55ページ

5人の高校生A〜Eが、選択科目の地理、化学、生物、美術、音楽の5科目から2科目を選択して、授業を受けている。

選択科目の授業は月曜日から金曜日までの各曜日に1科目ずつ振り分けられており、各科目とも2名の生徒が選択している。

いま、次のア〜オのことがわかっているとき、確実にいえるのはどれか。

ア AとDは、水曜日に地理の授業を受けている。

イ Bは、化学の授業とその翌日に美術の授業を受けている。

ウ Cは、月曜日と金曜日に選択科目の授業を受けている。

エ Eが選択した科目は、BとDが選択している。

オ 音楽の授業は、生物の授業の翌日にあり、Cが選択している。

1 Aは、月曜日に化学の授業を受けている。

2 Bは、木曜日と金曜日に選択科目の授業を受けている。

3 Cは、美術と生物を選択している。

4 Dは、音楽と地理を選択している。

5 Eは、木曜日に生物の授業を受けている。

ヒント

・縦軸にA〜E、横軸を曜日にした表を作る。

・条件ア、ウから読み取れることから書きこむ。

24 順序関係

POINT

1 与えられた条件を表にあてはめて考える
2 "決めつけ"は禁物

例題

A〜Fの6人がマラソンをした。コースの中間にあるX地点とゴール地点での順位について、次のア〜キのことがわかっているとき、最後にゴールしたのは誰か。

ア　Bは、X地点を4位で通過した。
イ　Fは、X地点を6位で通過した。
ウ　BとDの間には、X地点でもゴール地点でも、誰も走っていなかった。
エ　EのX地点での順位とゴール地点での順位は、変わらなかった。
オ　Fのゴール地点での順位は、CとDの間であった。
カ　X地点を1位で通過した者は、4位でゴールした。
キ　X地点を5位で通過した者は、2位でゴールした。

1 A　　2 B　　3 C　　4 D　　5 E

先生の作戦

①順位表をX地点とゴール地点に分けて作る。
②X地点の順位とゴール地点の順位がすぐに比較できるように表を並べておく。

こう解く！

(1)X地点とゴール地点での順位を別々の表にまとめる

	1位	2位	3位	4位	5位	6位
X地点						
ゴール地点						

(2)表に条件を整理する

条件ア「BはX地点を4位で通過」　　　条件イ「FはX地点を6位で通過」
条件カ「X地点1位→4位でゴール」　　条件キ「X地点5位→2位でゴール」

X、Yとするより、□△○などの記号のほうが混乱しない。
X地点を1位で通過した者を□、5位で通過した者を△として、
条件カ、キを上のように書く。

	1位	2位	3位	4位	5位	6位
X地点	□			B	△	F
ゴール地点		△		□		

条件エを満たすには、3位しかないので**E**は3位。

	1位	2位	3位	4位	5位	6位
X地点	□		E	B	△	F
ゴール地点		△	E	□		

条件ウから、Bとの関係をみるとX地点では5位しかないので、
△が**D**となり、ゴール地点でDは2位と決まる。
条件ウより、**B**のゴール地点は1位となる。
条件ウだけでは「B→D」か「D→B」かは不明だが、表をみるとX地点で
はBの前はEで埋まっており、「**B→D**」の順しかない。

	1位	2位	3位	4位	5位	6位
X地点	□		E	B	D	F
ゴール地点	B	D	E	□		

(3)場合分けをして検討する

X地点の1位、2位を検討する。E、B、D、Fの順位は決まっているので、1位、2位はAかC。

X地点1位は、条件カから「X地点1位→ゴール地点4位」となり、Cについては、条件オに「Fのゴール地点での順位は、CとDの間」との条件があるので、X地点の1位がCの場合を検討する。

	1位	2位	3位	4位	5位	6位
X地点	**C**		E	B	D	F
ゴール地点	B	D	E	**C**		

ゴール地点のCとDの間にはEだけとなり、条件オを満たさない。
よって、X地点の1位はCではない。
したがって、X地点1位は**A**、2位は**C**と決まる。

	1位	2位	3位	4位	5位	6位
X地点	**A**	**C**	E	B	D	F
ゴール地点			D	E	**A**	

条件オの「Fのゴール地点での順位は、CとDの間」から、ゴール地点でCとDの間にFが来るには、ゴール地点での順位は、5位に**F**、6位に**C**しかない。
したがって、ゴール地点1位は**B**と決まる。

	1位	2位	3位	4位	5位	6位
X地点	A	C	E	B	D	F
ゴール地点	**B**	D	E	A	**F**	**C**

以上より、最後にゴールしたのは**C**。よって、**正解は選択肢3**。

答 **3**

練習問題 1

解答・解説は別冊56〜57ページ

ある高校において、A〜Eの5人は、1〜5組のそれぞれ異なる組の生徒であり、AまたはEのいずれかは、1組の生徒である。この5人が体育祭で100m競争をした結果について、次のア〜エのことがわかった。

ア　Aがゴールインした直後に3組の生徒がゴールインし、3組の生徒がゴールインした直後にCがゴールインした。
イ　Dがゴールインした直後に5組の生徒がゴールインし、5組の生徒がゴールインした直後にBがゴールインした。
ウ　2組の生徒がゴールインした直後に4組の生徒がゴールインした。
エ　同じ順位の生徒はいなかった。

以上から判断して、確実にいえるのはどれか。

1　Aは、3位であり5組の生徒であった。
2　Bは、5位であり4組の生徒であった。
3　Cは、4位であり2組の生徒であった。
4　Dは、2位であり3組の生徒であった。
5　Eは、1位であり1組の生徒であった。

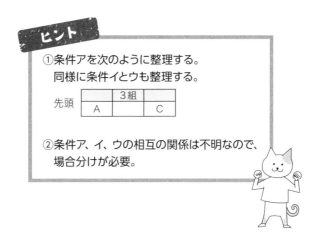

ヒント

①条件アを次のように整理する。
　同様に条件イとウも整理する。

先頭		3組	
	A		C

②条件ア、イ、ウの相互の関係は不明なので、場合分けが必要。

大学生3人、社会人3人のA〜Fの6人が、3000m走のレースを行ったところ、全員が完走し、1000m地点、2000m地点及びゴール地点での状況は次のア〜オの通りであった。

ア　1000m地点では、大学生1人と社会人2人が1位から3位までにおり、Cは3位以上、Dは4位以下であった。

イ　2000m地点では、大学生1人と社会人2人が4位から6位までにおり、1000m地点からBは順位を3つ下げた。

ウ　ゴール地点での順位は、社会人が2位、3位、6位であり、2000m地点から大学生のEが順位を3つ上げ1位となった。

エ　各地点で、大学生が3位となったのは一度だけであり、Aは3位以上の順位となることはなかった。

オ　各地点で、Fが順位を上げたのは一度だけであり、その後順位を下げることはなかった。

以上から判断して、確実にいえるのはどれか。ただし、各地点で同着はなかった。

1　Aは社会人であり、2000m地点では6位であった。
2　Bは社会人であり、2000m地点では4位であった。
3　Cは大学生であり、2000m地点では3位であった。
4　Dは大学生であり、2000m地点では1位であった。
5　Eは大学生であり、2000m地点では2位であった。

ヒント

① 1000m 地点、2000m 地点、
　ゴール地点のそれぞれで順位表を作成する。
② 条件を1つひとつ組み合わせていくと、
　答えにたどりつく。

練習問題 3　　解答・解説は別冊60〜62ページ

水泳部のA〜Dの4人が、自由形、背泳、平泳ぎ、バタフライの4種目で競泳をし、種目ごとに1位〜4位の順位を決めた。次のことがわかっているとき、確実にいえるのはどれか。
ただし、いずれの種目も同順位はなかったものとする。

ア　4人ともいずれかの種目で1位を獲得した。
イ　AがDより上位だったのは2種目だった。
ウ　Aは、自由形で背泳より順位が2つ上だった。
エ　Bは、バタフライで背泳より順位が2つ上だった。
オ　Cは、自由形で平泳ぎより順位が2つ上だった。
カ　Dは、バタフライで平泳ぎより順位が1つ上だった。

1　Aは平泳ぎで3位だった。
2　Bは背泳で4位だった。
3　Cは平泳ぎで3位だった。
4　Dはバタフライで2位だった。
5　4人ともいずれかの種目で4位となった。

①下記のような表に整理する。条件ウより2つの場合が
　考えられる。

	1位	2位	3位	4位
自	A			
背			A	
平				
バ				

	1位	2位	3位	4位
自		A		
背				A
平				
バ				

②上記（①）の2つの場合、それぞれについて残りの条件
　をあてはめてみる。

25 試合の勝敗

─ POINT ─

1 総当たり戦（リーグ戦）では対戦表を作成する
2 トーナメント戦ではまず、条件を書き入れる

例題

A〜Fの6チームが、総当たり戦でサッカーの試合を行った。勝ちを2点、引き分けを1点、負けを0点として勝ち点を計算し、総勝ち点の多いチームから順位をつけ、総勝ち点で同点の場合は得失点差により順位を決めた。いま、次のア〜カのことがわかっているとき、3位になったのはどのチームか。ただし、同一チームとの対戦は1回のみとする。

ア　Aは、BとEに負けた。
イ　Bは、Dに負けなかった。
ウ　Cは、A、E、Fと引き分け、得失点差によりAの下位となった。
エ　Dには引き分けはなく、得失点差によりEの上位となった。
オ　Fは、AとDに勝った。
カ　引き分けは4試合あった。

1 A　　**2** B　　**3** D　　**4** E　　**5** F

先生の作戦

①「総当たり戦」では対戦表を書いて整理していく。
②わかるところから埋めていく。

こう解く！

(1)対戦表を作る

総当たり戦（リーグ戦）では対戦表を作る。

勝ち…○　引き分け…△　負け…×

必ず○と×を、△と△を対応させる。

条件アから順に対戦表に書き込む。

条件ア「AはB、Eに負けた」

→Aの負けの×と同時に、B、Eの勝ちの○を入れる。

	A	B	C	D	E	F	勝ち点	順位
A		✕			✕			
B	○							
C								
D								
E	○							
F								

条件イ「Bは、Dに負けなかった」ので、

BはDに、勝ちか引き分けのどちらかである。

ただし、条件エ「Dには引き分けはない」ので、

BはDに勝ったことがわかる。対戦表に記入する。

条件ウ〜カも対戦表に記入する。

	A	B	C	D	E	F	勝ち点	順位
A		×	△		×	✕	Cと同じ	
B	○			○				
C	△				△	△	Aと同じ	Aより下位
D		✕				✕	Eと同じ	Eの上位
E	○		△				Dと同じ	
F	○		△	○				

⬅— Dには引き分けなし。引き分けは4試合

(2)対戦表を眺めてマスを埋めていく

条件の多いところからひも解くのが定石。

条件の多いAから見ていく。

条件ウから、AはCと勝ち点が同じになる。

上の表の時点で、Aは引き分け1試合なので勝ち点 **1**、Cは引き分け3試合なので勝ち点 **3**。

AとCの勝ち点が同じになるには、残されているDとの対戦で勝たなければならない。

AがDに勝って勝ち点の2点を稼いでも、結果、総勝ち点は3点どまり。

したがって、Cはこれ以上勝ち点を増やせないので、**B**、**D**には負けていなければならない。

ここまでを表に書き込む。対応するマスも埋める。

	A	B	C	D	E	F	勝ち点	順位
A		×	△	◯	×	×	**3**	
B	◯		◯	◯				
C	△	×		×	△	△	**3**	Aより下位
D	×	×	◯			×	Eと同じ	Eの上位
E	◯		△				Dと同じ	
F	◯		△	◯				

Dには引き分けなし。引き分けは4試合

(3)DとEを見る

条件エ「Dには引き分けはなく、得失点差によりEの上位となった」を検討する。

得失点差で順位を決めるということは、最終的な勝ち点は同じということである。表で見ると、この時点で

　　D…1勝3敗、**勝ち点2**。残りはEとの1試合

　　E…1勝1分け、**勝ち点3**。残りはBとFの2試合

DとEの勝ち点は、最終的には同じになるはずなので、条件エより、Dには引き分けはないため、DはEに必ず勝っていることがわかる。

　　D…2勝3敗、**勝ち点4**。残り試合なし

Eも勝ち点4になるはずなため、残り2試合で勝ち点1を稼がなければならない。

したがって、残り2試合は、引き分け1試合、負け1試合。

EがBとFのどちらに引き分けたかはこの時点では不明である。

	A	B	C	D	E	F	勝ち点	順位
A		×	△	◯	×	×	3	
B	◯		◯	◯			6+α	
C	△	×		×	△	△	3	Aより下位
D	×	×	◯		◯	×	4	Eの上位
E	◯	△ (×)	△	×		× (△)	4	
F	◯		△	◯			5+α	

どちらかが×、どちらかが△となるが特定はできない

ここまでで、A、Cは勝ち点3、D、Eが4と確定。

よって、残り2試合分の結果を問わず、この時点で勝ち点が6のB、勝ち点が5のFのいずれかが1位、2位になることは確実である。

したがって、3位になるのは、**D**と決まる。

よって、**正解は選択肢3**。

答**3**

練習問題 1

解答・解説は別冊63〜64ページ

A〜Fの6人が総当たりで囲碁のリーグ戦を行った。勝ち数の多い順に順位をつけることにし、勝ち数が同じ者の順位については、直接対戦での勝者を上位としたところ、1〜6位の順位が決まった。

表は7試合まで終了した時点での勝敗を示しており、この時点でAは2敗である。しかし、すべての試合が終了したところ、Aが1位であった。このリーグ戦の結果として確実にいえるのはどれか。

ただし、引き分けの試合はなかった。

1 CはDに勝った。
2 Cは4位であった。
3 Dは3勝2敗であった。
4 Eは最下位であった。
5 FはDに勝った。

	A	B	C	D	E	F
A			×		×	
B			○	○		○
C	○	×				×
D		×			○	
E	○			×		
F		×	○			

練習問題 2 （難しい）

解答・解説は別冊65〜67ページ

A〜Fの6チームが、下図のようなトーナメント戦でバレーボールの試合を行い、2回戦で負けたチーム同士で3位決定戦を、1回戦で負けたチーム同士で5位決定戦を行って順位を決めた。いま、次のア〜オのことがわかっているとき、優勝したチームはどれか。ただし、試合の回数及び勝った回数には順位決定戦を含めるものとする。

ア 準優勝のチームは、1回だけ試合に勝った。
イ 3位のチームは、1回だけ試合に勝った。
ウ AとEの対戦は、
   どちらにとっても2回目の試合だった。
エ BとCは、対戦しなかった。
オ Fは、3回目の試合には負けた。

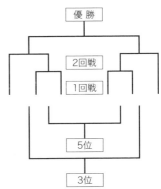

1 A
2 B
3 C
4 D
5 E

26 集合

——POINT——

キャロル表を使いこなせるようにしておこう
（130ページも参照）

例 題

ある学習塾に通う男子及び女子の児童336人について、通学時間により30分以上と30分未満とに、居住地により市内と市外とに分けて人数を調べたところ、次のア～オのことがわかった。

ア　男子児童は178人であった。

イ　通学時間が30分以上の女子児童は、64人であった。

ウ　市内に居住している男子児童は、通学時間が30分以上、かつ、市外に居住している男子児童よりも68人多かった。

エ　通学時間が30分未満、かつ、市内に居住している女子児童の人数は、通学時間が30分以上、かつ、市外に居住している男子児童の人数の2倍であった。

オ　通学時間が30分未満、かつ、市外に居住している女子児童の人数は、通学時間が30分未満、かつ、市内に居住している女子児童の人数よりも42人少なかった。

以上から判断して、通学時間が30分未満、かつ、市外に居住している男子児童の人数として、正しいのはどれか。

1　34人
2　36人
3　38人
4　40人
5　42人

こう解く！

(1)集合関係の状況を把握する

集合の問題であることはすぐにわかる。

各要素の関係は、男子か女子、30分以上か未満か、市内か市外の対等な関係なので、キャロル表を作る。

(2)問題文に沿ってキャロル表を作る

問題文に沿って、順に決めていく。

①左右の区分　➡左側を男子、右側を女子

②上下の区分　➡上側を通学時間30分以上、下側を同30分未満

③内外の区分　➡内側を居住地が市内、外側を市外

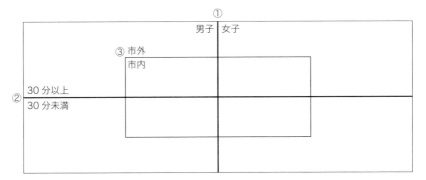

(3)条件ア〜オを表に書き入れる

問題文より、全員で336人。

条件アから「男子は178人」なので、女子は、全員－男子＝158人。

条件イから「通学時間が 30 分以上の女子は 64 人」

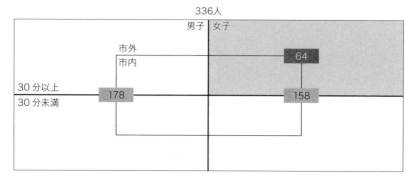

条件ウ

市内に居住している男子＝[(30 分以上かつ市外居住)の男子]＋68 人
　　　　　　　　　　　　　　　　　　x

[(30 分以上かつ市外居住)の男子]の人数を x とおく。

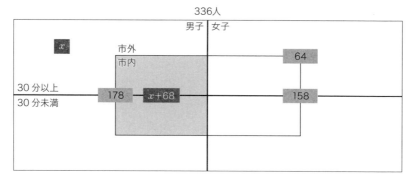

条件エ

[(30 分未満かつ市内居住)の女子]＝[(30 分以上かつ市外居住)の男子]×2
　　　　　　　　　　　　　　　　　　　　　　x

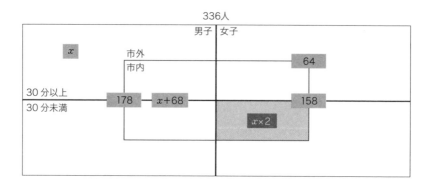

条件オ
[(30分未満かつ市外居住)の女子]
＝[(30分未満かつ市内居住)の女子]－42人
$\qquad\qquad 2x$

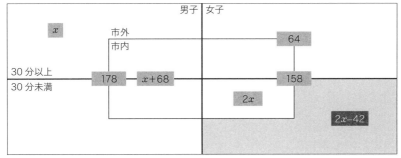

(4) 問題が求めているものを確認する

[(30分未満かつ市外居住)の男子]の人数を求める。

集合の問題では、何を求めるのかを確認しながら進めることが重要。

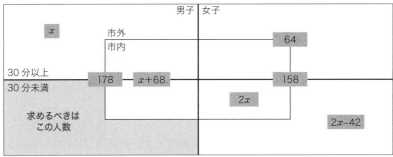

キャロル表から、求めるべき人数を押さえると、

$$178 - x - (x + 68) = 110 - 2x$$

となる。

(5) x を求める

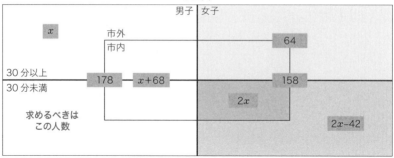

女子のほうに着目すると、$158 = 64 + 2x + (2x - 42)$
よって、$x = \mathbf{34}$
したがって、求めるべき人数は、$110 - 2\underset{34}{\underline{x}} = 110 - 2 \times 34 = \mathbf{42}$（人）
よって、正解は選択肢 **5**。

答 **5**

- -

練習問題 1

解答・解説は別冊68〜69ページ

あるスポーツジムの会員100人について、ある日のサウナ及びプールの利用状況を調べたところ、次のA〜Dのことがわかった。

A　サウナを利用した男性会員の人数は32人であり、プールを利用した男性会員の人数は17人であった。

B　サウナだけを利用した女性会員の人数と、プールだけを利用した女性会員の人数の合計は23人であった。

C　サウナを利用し、かつ、プールも利用した男性会員の人数は、プールだけを利用した男性会員の人数より3人少なかった。

D　サウナを利用せず、かつ、プールも利用しなかった会員の人数は30人であった。

以上から判断して、この日、サウナを利用し、かつ、プールも利用した女性会員の人数として正しいのはどれか。

1　5人　　**2**　6人　　**3**　7人　　**4**　8人　　**5**　9人

練習問題 2

解答・解説は別冊70〜71ページ

A社、B社、C社の3社による合同採用説明会に参加した学生75人について、その後、採用の内定状況を調べたところ、次のア〜オのことがわかった。

ア　A社から内定を受けた学生はB社から内定を受けていない。

イ　A社から内定を受けた学生はC社からも内定を受けた。

ウ　A社から内定を受けていない学生は45人である。

エ　B社から内定を受けた学生は20人である。

オ　B社、C社のいずれの会社からも内定を受けていない学生は15人である。

以上から判断して、確実にいえるのはどれか。

1　A社から内定を受けていないが、C社から内定を受けた学生は5人である。

2　B社とC社の両社から内定を受けた学生は15人である。

3　A社、B社、C社のいずれの会社からも内定を受けていない学生は10人である。

4　B社から内定を受けていないが、C社から内定を受けた学生は30人である。

5　A社、B社のいずれの会社からも内定を受けていない学生は25人である。

ヒント

練習問題1、2ともにキャロル表を作成すれば解ける。

キャロル表の作り方

3つの要素で分類整理する問題ではキャロル表を作成するとよい。

(例)100人の受験生を、(ⅰ)英語の得点が平均以上か未満か、
(ⅱ)数学の得点が平均以上未満か、(ⅲ)男子か女子かに分類する。

(1)まず100人全員が入る四角を書く

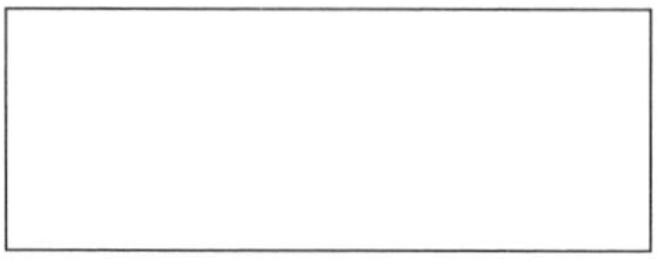

(2)英語の得点が平均以上か、未満かを左右で分ける

英語 平均以上	英語 未満

(3)数学の得点が平均以上か、未満かは上下で分ける

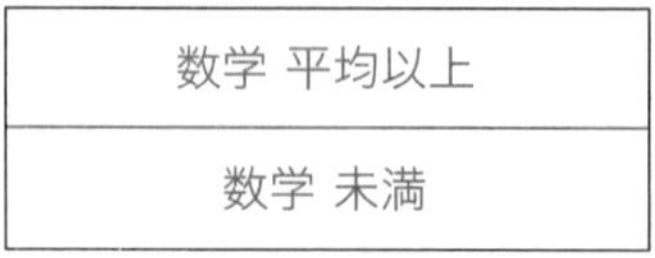

数学 平均以上
数学 未満

(4)四角の中にもう1つ四角を書いて、内側に男子、外側に女子と分ける

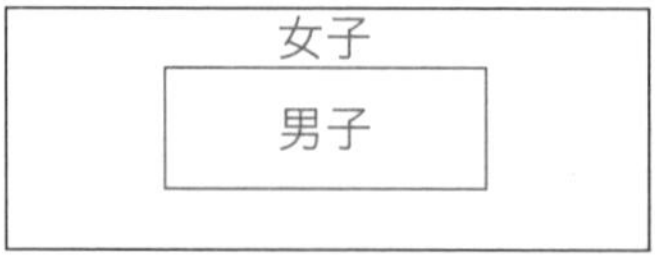

女子
男子

(1)〜(4)を合わせると下図のようにA〜Hの領域の8つに分類できる

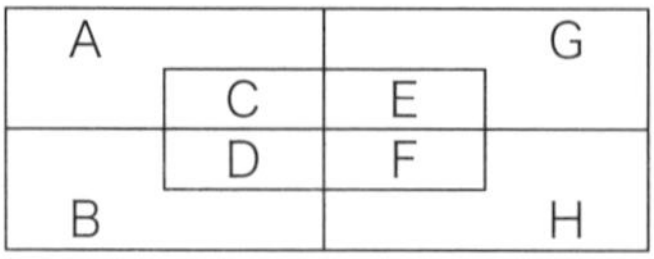

A…英語、数学ともに平均以上の女子
B…英語が平均以上、数学が平均未満の女子
F…英語、数学ともに平均未満の男子
というふうに分類する。

判断推理

6日目

27 命 題

POINT

1 対偶と三段論法を使う
2 ド・モルガンの法則を使う（135ページ参照）

例 題

釣り大会を実施したところ、全体で釣れた魚はヒラメ、スズキ、ブリ、タイの4種であった。次のことがわかっているとき、確実にいえるのはどれか。

①ヒラメを釣った者は、スズキとブリも釣った。
②スズキを釣っていない者は、ブリを釣った。
③ブリを釣った者は、タイを釣っていない。

1 タイを釣った者は、ヒラメを釣っていない。
2 ヒラメとタイを釣った者がいる。
3 タイとブリを釣った者がいる。
4 スズキとブリを釣った者は、ヒラメも釣った。
5 ブリを釣っていない者は、タイを釣った。

先生の作戦

①命題を記号化する
②対偶を作る
③三段論法でつなぐ

こう解く！

(1)論理式を作る

①〜③の命題を論理式にする。

なるべく簡略化して記号化する。命題が否定形の場合は否定形（——）で式にする。

①ヒラメ　→　スズキ∧ブリ

②$\overline{スズキ}$　→　ブリ

③ブリ　→　$\overline{タイ}$

(2)対偶を作る

ド・モルガンの法則があてはまるときはそれもメモする。

二重否定は肯定にしておく。

①の対偶

$\overline{スズキ∧ブリ}$　→　$\overline{ヒラメ}$　…④　(スズキとブリを釣っていない者は、ヒラメも釣っていない。)

↓ すかさずド・モルガンの法則で変形

$\overline{スズキ}∨\overline{ブリ}$　→　$\overline{ヒラメ}$　…⑤　(スズキまたはブリを釣っていない者は、ヒラメも釣っていない。)

②の対偶

$\overline{ブリ}$　→　スズキ　…⑥　(ブリを釣っていない者は、スズキを釣った。)

③の対偶

タイ　→　$\overline{ブリ}$　…⑦　(タイを釣った者は、ブリを釣っていない。)

(3)三段論法で答えを探す

すでにわかっている命題を整理する。

A→B　B→C

つながる命題を探す

①ヒラメ　→　スズキ∧ブリ　　②$\overline{スズキ}$　→　ブリ

③ブリ　→　$\overline{タイ}$　　⑤$\overline{スズキ}∨\overline{ブリ}$　→　$\overline{ヒラメ}$

⑥$\overline{ブリ}$　→　スズキ　　⑦タイ　→　$\overline{ブリ}$

(4)選択肢1を検討する

「タイ」から始まるのは⑦である。

タイ　→　$\overline{ブリ}$

三段論法で⑥につなげることができる。

$$\underset{\underbrace{\qquad⑦\qquad}\underbrace{\qquad⑥\qquad}}{タイ \quad → \quad \overline{ブリ} \quad → \quad \overline{スズキ}}$$

また、⑤は次のように分解できる。
$$\overline{スズキ}\lor\overline{ブリ} \quad → \quad \overline{ヒラメ}$$
であれば
$$\overline{スズキ} \quad → \quad \overline{ヒラメ} \quad …⑧$$
$$\overline{ブリ} \quad → \quad \overline{ヒラメ} \quad …⑨$$
の両方が成り立つ。

> $\overline{A}\lor\overline{B}→\overline{C}$
> ということは
> $\overline{A}→\overline{C}$ も $\overline{B}→\overline{C}$
> も成り立つ。

したがって、

$$\underset{\underbrace{\qquad⑦\qquad}\underbrace{\qquad⑨\qquad}}{タイ \quad → \quad \overline{ブリ} \quad → \quad \overline{ヒラメ}}$$
$$タイ \longrightarrow \overline{ヒラメ}が成り\mathbf{立つ。}$$

以上より、「タイを釣った者は、ヒラメを釣っていない」ことがわかり、
選択肢1は**正しい**。

(5)選択肢2を検討する。

「ヒラメとタイを釣った者がいる」かどうかを①～⑨の命題で調べる。
$$⑦タイ \quad → \quad \overline{ブリ}$$
$$⑨\overline{ブリ} \quad → \quad \overline{ヒラメ}$$

⑦と⑨の三段論法により、
$$タイ \quad → \quad \overline{ブリ} \quad → \quad \overline{ヒラメ}$$
$$タイ \longrightarrow \overline{ヒラメ}$$
つまり「タイを釣った者はヒラメを釣っていない」ので、選択肢2は**誤り**。

(6)選択肢3を検討する。

⑦より $タイ \quad → \quad \overline{ブリ}$
つまり「タイを釣った者はブリを釣っていない」ので、選択肢3は**誤り**。

(7)選択肢4を検討する。

与えられた命題の仮定(論理式の左側)にはない仮定についての判断はで
きないので、確実にいえるとはいえない。
「スズキとブリを釣った者はヒラメを釣った」かどうかだが、①～⑨の命

題で仮定(論理式の左側)に「スズキとブリを釣った」がないので、判断できない。よって、確実にいえるとはいえないので、選択肢4は**誤り**。

(8)選択肢5を検討する。

⑦タイ → ブリ の命題がある。

この論理式の左右を逆にして、選択肢5を正解にしてはいけない。

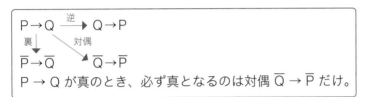

P→Q が真であっても、

Q→P は、必ずしも真とはならない。

(⑦の対偶は「ブリを釣った者は、タイを釣っていない。」)

よって、**正解は選択肢1**。

答 **1**

ド・モルガンの法則

$$\overline{A \wedge B} = \overline{A} \vee \overline{B}$$
$$\overline{A \vee B} = \overline{A} \wedge \overline{B}$$

← 覚えるのはここだけ

記号の意味を確認しておこう。

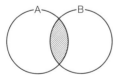

AでもありBでもある領域を
「AかつB」といい
「A∧B」と表わす。

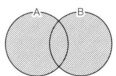

上記の領域は
「AまたはB」といい
「A∨B」と表わす。

「A∧B」を否定すると「$\overline{A \wedge B}$」。それは「$\overline{A} \vee \overline{B}$」と等しい。

「A∨B」を否定すると「$\overline{A \vee B}$」。それは「$\overline{A} \wedge \overline{B}$」と等しい。

ある中学校の生徒について、好きな飲み物を調べたところ、次のA〜D
のことがわかった。

A　ウーロン茶が好きな生徒は、オレンジジュースが好きである。
B　紅茶が好きな生徒は、ウーロン茶が好きである。
C　コーヒーが好きでない生徒は、紅茶が好きであり、かつオレンジジュー
　　スが好きである。
D　緑茶が好きな生徒は、コーヒーが好きでない。

以上から判断して、確実にいえるのはどれか。

1　ウーロン茶が好きでない生徒は、緑茶が好きでない。
2　オレンジジュースが好きでない生徒は、コーヒーが好きでない。
3　紅茶が好きな生徒は、オレンジジュースが好きでない。
4　コーヒーが好きでない生徒は、ウーロン茶が好きでない。
5　緑茶が好きな生徒は、紅茶が好きでない。

ヒント
①命題を記号化する。
②対偶を作る。
③三段論法を使う。

ある集団に対し趣味について調査したところ、ア〜エのことがわかった。
このとき、確実にいえるのはどれか。

ア　釣りを趣味とする人は、読書を趣味としている。
イ　読書を趣味とする人は、写真撮影を趣味としていない。
ウ　ゲームを趣味とする人は、映画鑑賞を趣味としている。
エ　写真撮影を趣味としていない人は、映画鑑賞を趣味としている。

1　釣りを趣味とする人は、ゲームを趣味としている。
2　読書を趣味とする人は、映画鑑賞を趣味としていない。
3　映画鑑賞を趣味としていない人は、読書を趣味としている。
4　写真撮影を趣味とする人は、釣りを趣味としていない。
5　ゲームを趣味とする人は、写真撮影を趣味としている。

28 暗号

POINT

簡単な出題もあるが、超難問もある。
本番ではその見極めも重要

例題

ある暗号で、「タイ」が「4÷4、2÷1」、「アメリカ」が「1÷1、28÷7、18÷9、2÷2」で表わされるとき、同じ暗号の法則で「ラオス」を表わすのはどれか。

1 「5÷5、2÷1、27÷9」
2 「5÷5、21÷7、27÷9」
3 「9÷9、2÷1、9÷3」
4 「9÷9、5÷1、9÷3」
5 「16÷4、10÷5、9÷3」

先生の作戦

①原文と暗号の文字の対応関係を調べる。
②ひらがなは50音表、英字はアルファベットの
　26文字表にあてはめてみる。

こう解く！

原文と暗号の文字の対応関係を調べる。

タ	イ		ア	メ	リ	カ
⋮	⋮		⋮	⋮	⋮	⋮
4÷4	2÷1		1÷1	28÷7	18÷9	2÷2

上記のように対応していることがわかる。
カタカナなので、50音表を作ってあてはめてみる。

	ア	カ	サ	タ	ナ	ハ	マ	ヤ	ラ	ワ
ア	1÷1	2÷2		4÷4						
イ	2÷1								18÷9	
ウ										
エ							28÷7			
オ										

上表を見て、規則性を探す。
○÷□の ÷□ の部分は、横に÷1、÷2、÷3……
となっているとわかる。
○の部分は、横にア、カはア×2、サはア×3……
となっている。

	ア	カ	サ	タ	ナ	ハ	マ	ヤ	ラ	ワ
ア	1÷1	2÷2	3÷3	4÷4	5÷5	6÷6	7÷7	8÷8	9÷9	
イ	2÷1	4÷2	6÷3	8÷4	10÷5	12÷6	14÷7	16÷8	18÷9	
ウ	3÷1	6÷2	9÷3	12÷4	15÷5	18÷6	21÷7	24÷8	27÷9	
エ	4÷1	8÷2	12÷3	16÷4	20÷5	24÷6	28÷7	32÷8	36÷9	
オ	5÷1	10÷2	15÷3	20÷4	25÷5	30÷6	35÷7	40÷8	45÷9	

よって、ラオスは「9÷9」「5÷1」「9÷3」。
以上より、**正解は選択肢4。**

答 **4**

ある暗号で「晴海」が「1033　1236　1143」、
「上野」が「1201　2210　0505」で表わされるとき、
同じ暗号の法則で「2223　1118　0116」と表わされるのはどれか。

1 「大田」
2 「豊島」
3 「中野」
4 「練馬」
5 「港」

①原文と暗号の対応を押さえる。
②法則を探す。
……これ以上のヒントを出すとおもしろくなくなる
から、あとは自分で考えて悩んでみよう。でもかな
り難しい！

解答・解説は別冊77〜78ページ

ある暗号で「ベネズエラ」が「D02、I14、M26、S00、U18」、
「リトアニア」が「B18、J20、K00、Q14、U00」と表わされるとき、
同じ暗号の法則で「コロンビア」を表わしたのはどれか。

1 「C02、H18、K07、Q18、U00」
2 「C19、J18、K02、Q11、U00」
3 「E11、J18、Z00、Q02、U00」
4 「A20、Z00、K26、Q14、U00」
5 「B14、F11、K18、R07、U00」

これも難問。
あいうえお順、アルファベット順を探るのが基本！

㉙ 位置関係

── P O I N T ──

1 条件を図で整理する
2 "決めつけ"は禁物

例 題

各部屋に3桁の部屋番号のついた、右の図のような3階建てで各階に5部屋ずつあるマンションがある。現在、A〜Gの7人がいずれかの部屋に1人ずつ住んでおり、これらの部屋以外は空き部屋であるとき、次のア〜オのことがわかった。

301	302	303	304	305
201	202	203	204	205
101	102	103	104	105

西（左端）　東（右端）

ア　Aは1階の部屋に住んでおり、Cが住んでいる部屋の両隣は空き部屋である。

イ　BとFは同じ階に住んでおり、BはFの部屋より西側の部屋に住んでいる。

ウ　CとDは同じ階に住んでおり、CはDの部屋より西側の部屋に住んでいる。

エ　CはFの部屋のすぐ下の部屋に住んでおり、EはGの部屋のすぐ下の部屋に住んでいる。

オ　1階と3階にはそれぞれ2人が住んでおり、部屋番号の下1桁が1の部屋には2人が住み、Gの部屋番号の下1桁は5である。

以上から判断して、確実にいえるのはどれか。

1　Aの部屋番号は101である。
2　Bの部屋番号は202である。
3　Cの部屋番号は103である。
4　Dの部屋番号は304である。
5　Eの部屋番号は205である。

こう解く！

(1)条件を整理する

条件を問題文の図中にいきなり書き入れるのではなく、各条件でパズルのピースを作っておく。

ピースをはめ込むときは、勝手に決めつけないよう場合分けを常に意識する。ピースはばらばらにではなく、なるべく関連づけて作る。

条件アから

条件イから

条件ウは、Cが登場するのでアの条件に書き加える。

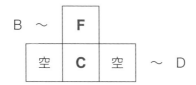

条件エもCが登場するので書き加える。
Fも登場するので、条件イも書き加える。

B 〜 | F |
| 空 | C | 空 | 〜 D

エにはもう1つ条件がある。

オは全体についての
条件なので、
条件ア〜エで作成した
ピースをはめ込むため、
右のようなメモを
作っておく。

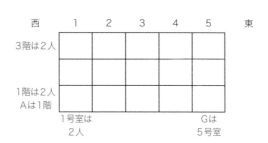

143

(2)各ピースをはめ込んでいく

大きいピースから考える。大きいピースからはめ込むほうが、場合分け
が少なくてすむので、先ほどできた下記のピースをはめ込むことを考える。

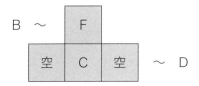

このピースを入れるには、
- Cの上にFが入るので、Cは1階か2階。
- 条件オで、1階は2人、そのうち1人はAなので、CとDが同じ階に
  入るにはCは2階しかない。
- Bの入り方とDの入り方に気をつけながら全体にはめ込むと、次の2
  通りが考えられる。

①

西	1	2	3	4	5	東
	Bはどちらか		F			
		空	C	空	D	

②

西	1	2	3	4	5	東
	B	F				
	空	C	空	Dはどちらか		

次に条件エのE、Gのピースをはめ
込む。
Gは条件オから、5号室なので①の
場合には入らず、②しかないことが
わかる。

西	1	2	3	4	5	東
	B	F				
	空	C	空	D	G	
					E	

(3)使っていない条件がないかを確認する

まだ入っていないAを検討する。
条件アより、「Aは1階の部屋に住
んでいる」。
また、条件オの「1号室は2人」から、
Aは101号室であることがわかる。
以上から、右図のとおりに確定する。
よって、**正解は選択肢1**。

西	1	2	3	4	5	東
	B	F				
	空	C	空	D	G	
	A				E	

答**1**

練習問題 1

解答・解説は別冊79ページ

右の図のような十字型の道路に面して①〜⑧の家が並んでおり、A〜Hの8人が1人ずつ住んでいる。
いま、次のア〜カのことがわかっているとき、確実にいえるのはどれか。

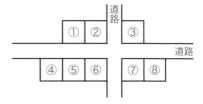

ア　Aの家は、2つの道路に面している。
イ　AとBの家は、道路を挟んで真向かいにある。
ウ　Cの家の隣にはDの家があり、BとDの家は、道路を挟んで真向かいにある。
エ　CとHは、道路を挟んで真向かいにある。
オ　Eの家の道路を挟んだ真向かいに家はない。
カ　Fの家の隣の家とAの家は、道路を挟んで真向かいにある。

1 Aの家は、⑥である。　　　　**2** Bの家は、②である。
3 Cの家の隣は、Eの家である。　**4** Dの家の隣は、Fの家である。
5 Eの家の隣は、Gの家である。

練習問題 2

解答・解説は別冊80ページ

A〜Fの6人が、図のように円卓を囲んで座っている。全員、お互いに他の者が座っている位置を知っている。
現在、6人のうち4人は円卓のほうを向いて座っているが、他の2人は、円卓を背にして座っている。A〜Eの5人は、自分から見た場合の他の者の座り方に関して次のように発言した。このとき、円卓を背にして座っている者の組み合わせとして最も妥当なのはどれか。

A　「右隣にC、さらにその隣にFが座っている」
B　「右隣にE、左隣にDが座っている」
C　「左隣にF、さらにその隣にDが座っている」
D　「右隣にB、左隣にFが座っている」
E　「右隣にB、左隣にAが座っている」

1 A、B　　**2** A、D　　**3** B、F　　**4** C、E　　**5** D、F

145

30 発言推理

──POINT──

どれが正しい（もしくはウソ）と仮定して、
矛盾が生じないかを検討する

例 題

ある小学校の児童A〜Eの5人に夢の職業について尋ねたところ、それぞれ次のように発言した。

A「私の夢の職業はサッカー選手であり、Cの夢の職業はパイロットである」
B「私の夢の職業はサッカー選手であり、Dの夢の職業は医師である」
C「私の夢の職業はパイロットであり、Bの夢の職業はサッカー選手である」
D「私の夢の職業は医師であり、Eの夢の職業はパティシエである」
E「私の夢の職業はパティシエであり、Aの夢の職業は弁護士である」

5人のそれぞれの発言のうち、一方は事実であり、他方は事実と異なっているとき、確実にいえるのはどれか。
ただし、5人の夢の職業はサッカー選手、パイロット、医師、パティシエ、弁護士のいずれか1つだけであり、夢の職業が同じ児童はいない。

1　Aの夢の職業は弁護士であり、Dの夢の職業はパイロットである。
2　Bの夢の職業はパティシエであり、Eの夢の職業はサッカー選手である。
3　Cの夢の職業はパイロットであり、Aの夢の職業はパティシエである。
4　Dの夢の職業はサッカー選手であり、Cの夢の職業は医師である。
5　Eの夢の職業は医師であり、Bの夢の職業は弁護士である。

こう解く！

(1)条件を把握する

各人の発言を整理する。どちらかが本当であると仮定して、矛盾点が発生しないかを探る。

発言者	前半	後半
A	私の夢　サッカー選手	Cの夢　パイロット
B	私の夢　サッカー選手	Dの夢　医師
C	私の夢　パイロット	Bの夢　サッカー選手
D	私の夢　医師	Eの夢　パティシエ
E	私の夢　パティシエ	Aの夢　弁護士

条件は次の2つである。
・それぞれの発言のうち、一方は事実であり、他方は事実と異なっている。
・夢の職業が同じ児童はいない。

(2)定石どおり処理する

それぞれの発言のうち、どちらか一方を事実であると仮定して、矛盾点の有無を検討する。

「一方が事実、他方が事実と異なっている」という発言問題の場合、一方を事実と仮定して、矛盾点が出てこないかを探る。

①Aの発言のうち、前半が事実で、後半が事実と異なると仮定

・この場合、Aの発言の後半「Cの夢はパイロット」は事実と異なることになる。
・Cの発言の前半部分は事実と異なることになるので、後半部分が事実となる。
・よって「**Bの夢はサッカー選手**」であることが**事実**とわかる。

発言者	前半	後半
A	○　私の夢　サッカー選手	✕　Cの夢　パイロット
B	私の夢　サッカー選手	Dの夢　医師
C	✕　私の夢　パイロット	○　Bの夢　サッカー選手
D	私の夢　医師	Eの夢　パティシエ
E	私の夢　パティシエ	Aの夢　弁護士

しかし、これではサッカー選手を夢とする児童がAとBの2人になってしまい、2つ目の条件に合わないので**成立しない**。

② Aの発言のうち、前半が事実と異なり、後半が事実であると仮定

・Aの後半が事実なので、Cの前半も事実となり、結果、Cの後半は事実と異なることになる。

・Bの前半は事実と異なるので、後半が事実であり「Dの夢は医師」である。

・Dの前半は事実であり、後半は事実と異なることから、Eの前半は事実ではないことがわかる。よって、Eの発言の後半は事実となる。

ここまでをまとめると、下表になる。

発言者	前半		後半	
A	✖ 私の夢	サッカー選手	◯ Cの夢	パイロット
B	✖ 私の夢	サッカー選手	◯ Dの夢	医師
C	◯ 私の夢	パイロット	✖ Bの夢	サッカー選手
D	◯ 私の夢	医師	✖ Eの夢	パティシエ
E	✖ 私の夢	パティシエ	◯ Aの夢	弁護士

(3)消去法を使う

「5人の職業はサッカー選手、パイロット、医師、パティシエ、弁護士のいずれか1つである」ので、必ずこの5つの職業が登場する。

上表から、各人の夢をまとめると、

A	弁護士
B	
C	パイロット
D	医師
E	

⬅ サッカー選手ではない

⬅ パティシエではない

この段階で決まっていないのは、サッカー選手とパティシエである。

Bはサッカー選手ではないので、**パティシエ**とわかる。

Eはパティシエではないので、**サッカー選手**とわかる。

以上より、

A	弁護士
B	パティシエ
C	パイロット
D	医師
E	サッカー選手

となる。よって**正解は選択肢2**。

答 **2**

解答・解説は別冊81ページ

練習問題 1

A〜Eの5人が一緒に旅行することになり、ある駅で待ち合わせた。駅に到着した順序についてア〜エの発言があったが、発言のうち1つは誤りであった。このとき確実にいえるのはどれか。
ただし、同時に駅に到着した者はいなかった。

ア 「Aは、Dより先でEよりあとに到着した」
イ 「Cは、Aより先でDよりあとに到着した」
ウ 「Dは、Eより先でBよりあとに到着した」
エ 「Eは、Aより先でCよりあとに到着した」

1 最初に到着したのはEである。　　2 2番目に到着したのはDである。
3 3番目に到着したのはAである。　　4 4番目に到着したのはCである。
5 最後に到着したのはBである。

練習問題 2

解答・解説は別冊82〜83ページ

A〜Cの3人で、カードの色をあてる推理ゲームをしている。3人に1枚ずつカードを配り、A、B、Cの順に自分のカードの色について聞いたところ、Aは「わからない」、BとCは「わかった」と答えた。
いま、次のア〜オのことがわかっているとき、A〜Cのカードの色の組み合わせとして、妥当なのはどれか。

ア カードの色は赤か黒で、3枚のうち少なくとも1枚は赤である。
イ 3人とも自分のカードの色は見えないが、他の2人のカードの色は見える。
ウ Aは、見えるカードだけを根拠に推理する。
エ Bは、見えるカードとAの発言を根拠に推理する。
オ Cは、見えるカードと、AとBの発言を根拠に推理する。

	A	B	C
1	赤	赤	赤
2	赤	赤	黒
3	赤	黒	黒
4	黒	赤	赤
5	黒	黒	赤

暗号のおさらい

(1)原文との対応関係は、ひらがな、ローマ字、英語など柔軟に考える

「猫」を暗号化して、

① 「○□」 ─────→ ○=ね、□=こ

② 「○△□」 ─────→ ○=C、△=A、□=T

③ 「○□×△」 ─────→ ○=N、□=E、×=K、△=O

④ 「11」 ─────→ 猫の画数(11画)

(2)規則性

左から右、右から左、上から下、下から上のような
規則性ばかりではない!

①うずまき型

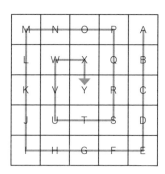

②アルファベット4つごとに位が上がる

A	B	C	D	E	F	G	H	I	J	K	L	M	N	O	P	……
0	1	2	3	10	11	12	13	20	21	22	23	30	31	32	33	……

判断推理

7日目

31 折り紙

─ P O I N T ─

最終形から順番に、1つ前の図に開いて、
模様を書き入れていく

例 題

正方形の紙を図のよう
に点線部分で3回折っ
たあと、斜線部分を切
り取った。
この紙を開いたときの
図として、最も妥当な
ものはどれか。

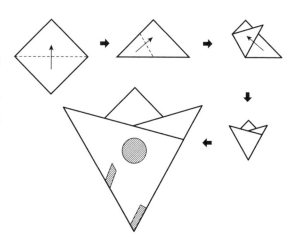

1

2

3

4

5

こう解く！

この線を軸にして①の方向へ開く

①

折った線を軸にして線対称の図を書く。
開く方向を間違えないよう気をつけること。

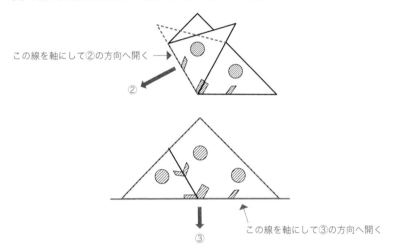

この線を軸にして②の方向へ開く

②

この線を軸にして③の方向へ開く

③

順に開く作図を自分でも練習しておくとよい。

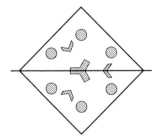

真ん中の模様と**●の数**に着目して、選択肢を見る。
正解は選択肢1。

答 **1**

図のように正方形の紙を点線に従って折っていき、最後にはさみで斜線の部分を切り取る。

これを広げたときにできる正しい図形は、次のうちどれか。ただし、すべて山折りとする。

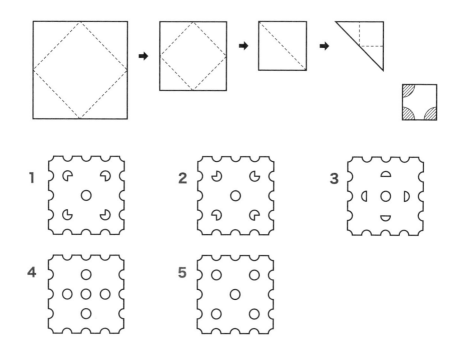

①最後の図から順番に1つ前の図に開いていく。

②1つ開いたら、開いた線を軸にして、
　線対象の図を描く。

③①②を繰り返す。

下図のように、1辺が8cmの正方形の紙を点線で折りたたみ、でき上がっ
た三角形を直線 l、m、n の位置で切り離して広げたとき、最も大きい
紙片の面積として正しいものは次のうちどれか。

なお、l、m、n は三角形の斜辺に直角で、斜辺を4等分する直線である。

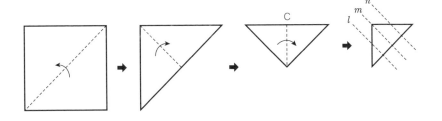

1 20cm^2	**2** $16\sqrt{2}$ cm^2	**3** 24cm^2	
4 23cm^2	**5** $20\sqrt{2}$ cm^2		

ヒント

①でき上がった三角形を順番に1つ前の図に開く。
②開いた線を軸に、
　直線 l、m、n の線対称の線を描く。
③①②を繰り返す。

サイコロの問題

── POINT ──

真上から見た図を
描くとわかりやすい

 ⇒

例 題

図Ⅰのような展開図のサイコロがある。このサイコロ4個を、互いに接する面が同じ目になるように、図Ⅱのとおりに並べたとき、A、B、Cにくる目の数の和はどれか。

図Ⅰ

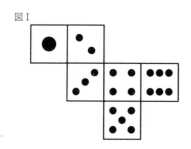

図Ⅱ

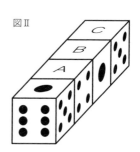

1 8　　**2** 10　　**3** 12　　**4** 14　　**5** 16

こう解く！

(1) サイコロを組み立てる

図Ⅰの展開図を組み立てる。

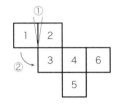

目の向きは本問では関係ないので数字を入れる

立方体の展開図は
90°回転させることができる。
わかりやすくするため、
サイコロの一番典型的な
展開図を作る。
上図の①を切り開き、②の方向へ90°回転させる。

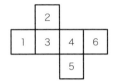

(2) 平面サイコロを利用する

回転したときの目が
わかりやすいように
平面サイコロにしておく。

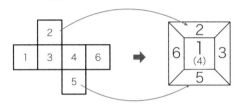

このサイコロは、**1と4**、**2と5**、**3と6**が相対するとわかる。

(3) 図に合わせて配列する

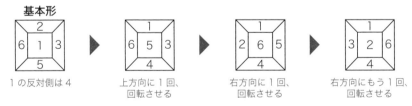

基本形
1の反対側は4 ▶ 上方向に1回、回転させる ▶ 右方向に1回、回転させる ▶ 右方向にもう1回、回転させる

図Ⅱを数字化する。

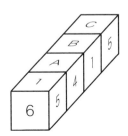

この平面サイコロを、図Ⅱの一番左に合わせて真上から見ると①のようになる。また右隣のサイコロは接している面が同じ数なので、②のようになる。

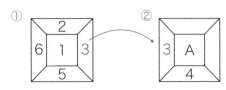

判断推理

サイコロの問題

3の反対側は**6**が、4の反対側は**1**が入る。

基本となるサイコロを転がし、1−6−4−3の関係が同じサイコロにすると、Aが**2**だとわかる。

次にBのサイコロを考える。
Aのサイコロと
接している面は6で、
その反対側は3。
1の反対側は4。
時計まわりに数字が4−3−1−6と並ぶように平面サイコロを転がすと、
次のとおり、Bが**2**だとわかる。

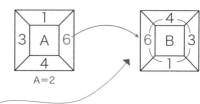

A＝2

図Iのサイコロ

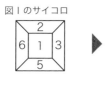

手前に1回、
回転させる

次に、Cのサイコロを考える。
Bのサイコロと
接している面は3で、
その反対側は6。
5の反対側は2。

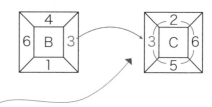

時計まわりに数字が2−6−5−3と並ぶように平面サイコロを転がすと、
次のとおりCが**4**だとわかる。

図Iのサイコロ

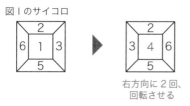

右方向に2回、
回転させる

(4)目の和を出す

以上より、A＝**2**、B＝**2**、C＝**4**　　A＋B＋C＝**2**＋**2**＋**4**＝**8**
よって、**正解は選択肢1**。

答**1**

練習問題 1

解答・解説は別冊88〜89ページ

次の図のように、同じ6個のサイコロを、互いに接する面が同じ目になるように積み重ねたとき、A、Bの位置にくる目の数の和はどれか。
ただし、いずれのサイコロも背中合わせの目の数の和が7であるものとする。

1 5 **2** 6 **3** 7 **4** 8 **5** 9

練習問題 2

解答・解説は別冊90〜91ページ

図Ⅰは、相対する面の数の和が7となるサイコロであり、これを前後、左右に何回か回転させたあとに見ると、図Ⅱのようになった。

図Ⅰ

図Ⅱ

これと同じサイコロ8個を使って図Ⅲのような大きな立方体を作り、これを図Ⅰ→図Ⅱとしたのと同じ要領で回転させたあとに見ると、図Ⅳのようになった。

この場合、図Ⅲに矢印で示した2個のサイコロが、大きな立方体内で他のサイコロに接する面(それぞれ3面)の目の数を合計するといくらになるか。

図Ⅲ

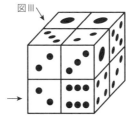

図Ⅳ

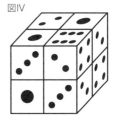

1 26 **2** 27 **3** 28 **4** 29 **5** 30

33 正多面体の展開図

POINT

正八面体の展開図の問題の解き方を
しっかり押さえる

例題

右図の展開図として正しいものはどれか。

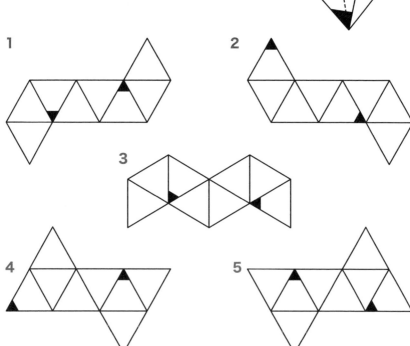

こう解く！

正八面体の各頂点に、以下のようにA〜Fとつける。

図1

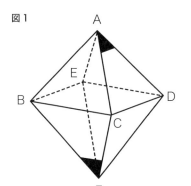

各頂点の関係は以下のようになる。
Aの反対側はF、Bの反対側はD、
Cの反対側はEとなる。

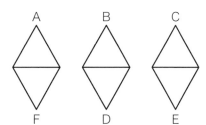

図1のとおり、△ACDの∠Aのところが▲となっており、
△FCBの∠Fのところが▲となっている。
選択肢にある展開図の片方の▲のある三角形を△ACDとして、頂点をふっ
ていく。
選択肢で詳述する。

1

図2

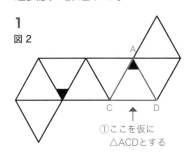

①ここを仮に
△ACDとする

図3

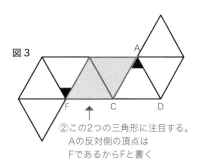

②この2つの三角形に注目する。
Aの反対側の頂点は
FであるからFと書く

図4

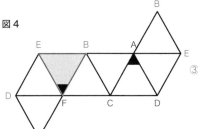

③同様にして各頂点を
図3のようにふると図4のようになる

△FCBの∠Fが▲の印になってい
ないので、誤りとわかる。

選択肢2〜5も選択肢1と同様に考える。

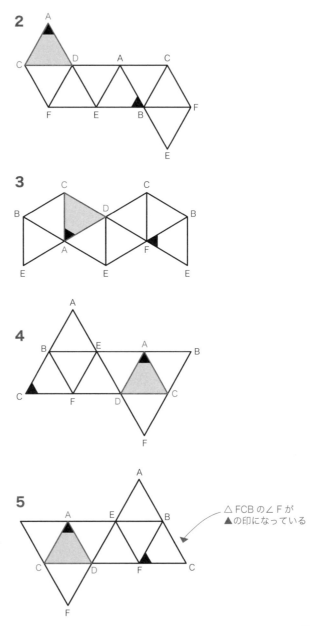

以上より、**正解は選択肢5。**

答 **5**

練習問題 1

解答・解説は別冊92ページ

下図の展開図を、点線を山にして折ってできる正八面体をある方向から
見た図として、あり得るのはどれか。

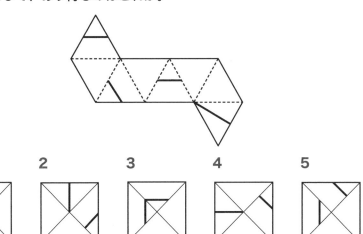

1   2   3   4   5

練習問題 2

解答・解説は別冊93ページ

12個の正五角形からなる下図のような展開図を組み立てて正十二面体
を作るとき、点A〜Eのうち点Pと接する点として、正しいのはどれか。

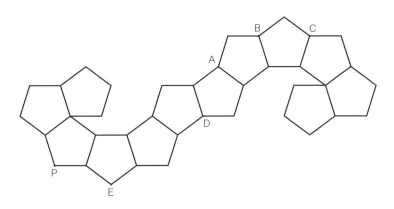

1 A   **2** B   **3** C   **4** D   **5** E

34 平面構成

─ POINT ─

1 数を数えて、はじけるものからはじく

2 大きいピースから場所を考える

例題

小さな正方形を縦に4個、横に6個並べて作った
右図のような長方形がある。
小さな正方形を6個並べて作った1〜5の5枚の
型紙のうち、4枚を用いてこの長方形を作るとき、
使わない型紙はどれか。
ただし、型紙は裏返しては使わないものとする。

1　**2**　**3**

4　**5**

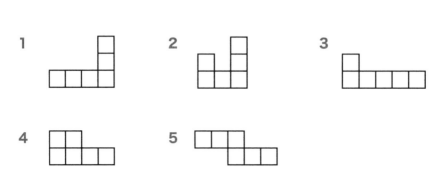

こう解く！

(1)数を押さえる

問題文に「小さな正方形を6個並べて作った型紙」とあることから、各型紙を構成する小さな正方形の個数の違いから何かを導くことはできない。枚数で選択肢が絞れることがある。

(2)視点を定める

でたらめに組み合わせていくのではなく、特徴のあるピースからあてはめていく。

場合分けを少なくするには、

①長いピース
②180°回転させたとき形が同じになるピース

から考えていくのがよい。

選択肢1〜5を見ると、①、②を満たす選択肢5の置き場所から考える。本問では選択肢3も長いが、回転させると別の形になるので、場合分けが2倍になってしまう。

選択肢5を順番にずらして入れていくと、次の6通りが考えられる。

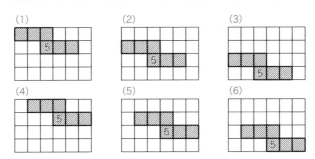

よく見ると、(1)と(6)、(2)と(5)、(3)と(4)は180°回転させると同じになるので、(1)〜(3)について検分する。

(3)順を追って検討する

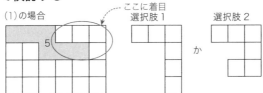

選択肢1をあてはめる。

選択肢2、3、4で残ったスペースを
埋める組み合わせを考える。
選択肢3を入れるとうまくいかないことが
わかるので、選択肢2と4を組み合わせる。

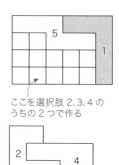

ここを選択肢2、3、4の
うちの2つで作る

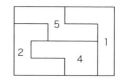

以上のようにして右図のような長方形ができる。
右図から、使わない型紙は選択肢3だとわかる。
よって、**正解は選択肢3**。

答 **3**

練習問題 1

解答・解説は別冊94ページ

正方形の折り紙を右図のような破線で切ってできた
4つの紙片を、裏返すことなく移動、または回転さ
せて組み合わせた図形として、妥当なのはどれか。

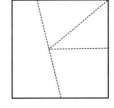

1

2

3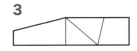

4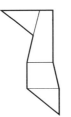

5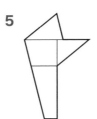

練習問題 2

解答・解説は別冊95ページ

図Ⅰに示すA〜Eの紙片のうちの4枚をすき間なく、かつ、重なり合う
ことなく並べて、図Ⅱに示す台形における斜線部分をはみ出すことなく
すべて埋めるとき、必要でない紙片として妥当なのはどれか。
ただし、いずれの紙片も裏返さないものとする。

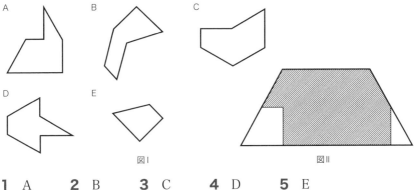

1 A　　**2** B　　**3** C　　**4** D　　**5** E

35 軌 跡

POINT

1 ルールをしっかり覚える

2 1つ線を描いたら選択肢をチェック

例 題

下図のように半径$4r$の大きい円O_Aの内側に、半径rの小さい円O_Bが接している。大きい円O_Aは固定して、小さい円O_Bを大きい円O_Aの内側に沿ってすべらないようにして転がす。

小さい円O_Bがアの位置にきたとき、小さい円O_B内の矢印が向いている方向を示しているのはどれか。

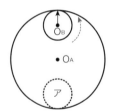

1

2

3

4

5

先生の作戦

円周（直径×π）を手掛かりにする。

こう解く！

(1)円周の長さに注目する

問題文に半径が与えられているときは、円周の長さに着目。

$$円周の長さ＝直径×\pi$$

大円O_Aの半径は$4r$なので、
円周の長さ＝$4r×2×\pi＝8r\pi$
小円O_Bがアのところまで転がると、
進む長さは大円O_Aの半周なので、

$$8r\pi×\frac{1}{2}＝4r\pi \text{ だとわかる。}$$

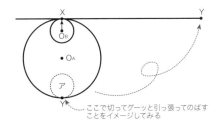

ここで切ってグーッと引っ張ってのばす
ことをイメージしてみる

XY の長さは大円の半周、4rπ

(2)小円の円周を考える

小円の半径はrなので、円周は
$r×2×\pi＝2r\pi$
先ほどのXY間の**2倍**の長さとなる。

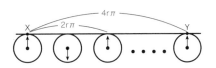

XY間は$4r\pi$なので、小円O_Bがちょうど2周する長さと同じ。したがって、矢印の向きもちょうど2回転して同じになる。

(3)もとに戻してみる

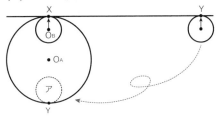

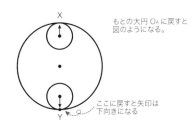

もとの大円 O_A に戻すと
図のようになる。

ここに戻すと矢印は
下向きになる

よって、**正解は選択肢4。**

答 **4**

下図のように、斜辺の長さ2aの直角三角形が、Aの位置からBの位置まで線上をすべることなく矢印の方向に回転するとき、頂点Pが書く軌跡の長さとして、正しいのはどれか。ただし、円周率はπとする。

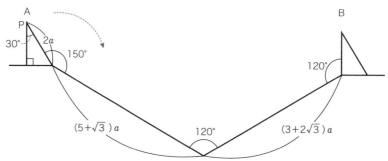

1 $\left(\dfrac{13}{6}+\dfrac{5\sqrt{3}}{6}\right)\pi a$

2 $\left(\dfrac{5}{3}+2\sqrt{3}\right)\pi a$

3 $\left(\dfrac{13}{3}+\dfrac{5\sqrt{3}}{3}\right)\pi a$

4 $\left(\dfrac{17}{3}+\dfrac{11\sqrt{3}}{6}\right)\pi a$

5 $\left(\dfrac{14}{3}+2\sqrt{3}\right)\pi a$

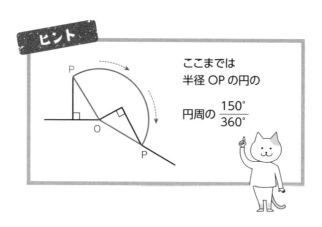

ヒント

ここまでは
半径 OP の円の

円周の $\dfrac{150°}{360°}$

下図のように、円周上に点P及び点Qがあり、線分PQの中点をMとすると、現在Mと円の中心は一致している。いま、点P及び点Qが図中の矢印の方向に、かつ、点Pは点Qの2倍の速さで円周上を動くとき、Mの描く軌跡は次のうちどれか。

ただし、点P及び点Qは同時に動き出すものとする。

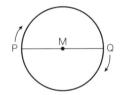

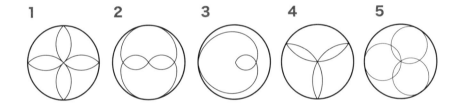

書きやすいところを書いてみる。

・Qが $\frac{1}{4}$ 周したとき、Pは $\frac{1}{2}$ 周

・Qが $\frac{1}{2}$ 周したとき、Pは1周

36 一筆書き・投影図・回転体

POINT

一筆書きできるのは、
奇点の数が0個か2個のとき

例 題

同じ長さの線68本で構成された下図のような図形がある。この図形から何本かの線を取り除いて一筆書きを可能にするとき、取り除く線の最少本数はどれか。

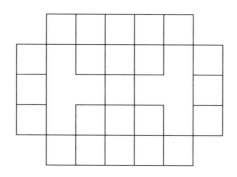

1 6本 　　**2** 7本 　　**3** 8本 　　**4** 9本 　　**5** 11本

こう解く！

(1)奇点の数を調べる

一筆書きができるのは**奇点の数が0か2のときだけ**。
奇点とは、集まっている線の数が奇数本である点のこと。
偶点とは、偶数本の線が集まっている点のこと。

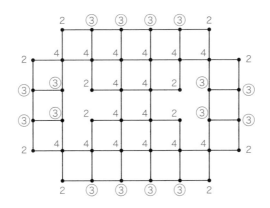

2本なので偶点
A

3本なので奇点
B

一筆書きの可能な図は、奇点が0個か2個の場合なので、まず各点に集まっている直線の数を書き込む。奇点は○で囲む。

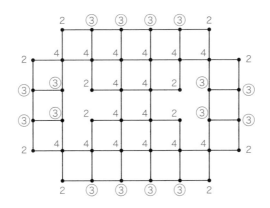

図のとおり、奇点は計16個ある。奇点を0個か2個にするには、14個または16個の奇点をなくすか、もしくは偶点に変える必要がある。

(2)奇点の数を減らす方法を考える
①奇点をなくす

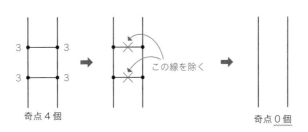

3   3

3   3

奇点4個

この線を除く

奇点0個

②奇点を偶点に変える

奇点4個　　　　　　　　　　　　　　　　偶点4個

(3)どの線を取り除くのがよいかを考える

下の取り除き方では、奇点が減らない。

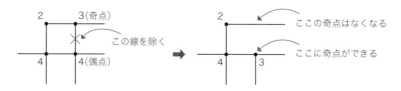

上図のように、奇点と偶点を結ぶ線を取り除いても奇点の数は減らない。
そこで、奇点と奇点を結ぶ線を取り除き、奇点を0個か2個になるようにする。また、「最少本数」を求めればよいので奇点を2個まで減らすことを考える。現状16個なので、14個減らさなければならない。
奇点と奇点を結ぶ線を取り除くと、①②のとおり2個の奇点がなくなる。
したがって、奇点と奇点を結ぶ線を**7本**減らせば、1本あたり奇点が2個減るので、**14個**減る。
以上より7本減らせばよい。
よって、**正解は選択肢2**。

問題文の条件(最少本数)を読み落とさないようにする。
どの7本でもよい。下図はその一例。

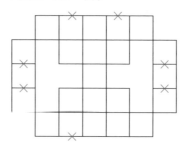

答**2**

練習問題 1

解答・解説は別冊100〜101ページ

以下は、ある立体について正面から見た図及び真上から見た図を示したものである。この立体を、正面に向かって右の側面から見た図として、ありうるのはどれか。

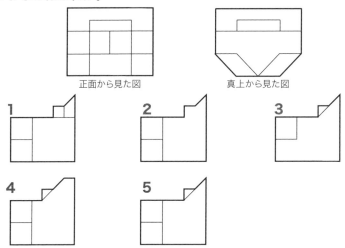

正面から見た図　　　　真上から見た図

1 　　**2** 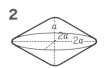　　**3**

4 　　**5**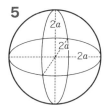

練習問題 2

解答・解説は別冊101ページ

右の図形を軸1のまわりに1回転させてできたものを、さらに軸2のまわりに1回転させたときにできる立体はどれか。

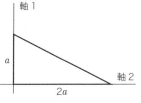

1
2
3

4
5

編著者

公務員試験専門 喜治塾　こうむいんしけんせんもん きじじゅく

東京にある公務員試験に特化したスクール。1999年から公務員試験受験者への指導を行う。都庁・県庁・特別区をはじめ、国家総合職（法律）、外務省専門職員、国家一般職などで、毎年、多くの合格者を輩出している。過去の出題傾向を徹底的に分析・把握し、短期間で最大の効果を生み出す指導に定評がある。

〒169-0075 東京都新宿区高田馬場3-3-1　ユニオン駅前ビル5・8階
TEL 03-3367-0191　FAX 03-3367-0192　URL https://www.kijijuku.com/

代表

喜治賢次　きじ けんじ

慶應義塾大学法学部法律学科卒。東京の新宿区役所で、教育委員会、都市整備部などに所属。35歳で公務員を退職し、行政研究、政策提言活動とともに後進の指導に従事する。1999年に公務員採用試験の合格指導、現職公務員の研修を行う「喜治塾」を創立。並行して地域コミュニティ活動にも積極的に参加。2008年には内閣府政策企画調査官を務める。

7日でできる！
数的推理・判断推理　過去問ベスト

編著者　公務員試験専門 喜治塾
発行者　高橋秀雄
発行所　**株式会社 高橋書店**
　　　　〒170-6014 東京都豊島区東池袋3-1-1 サンシャイン60 14階
　　　　電話　03-5957-7103

本書の内容についてのご質問は「書名、質問事項（ページ、内容）、お客様のご連絡先」を明記のうえ、郵送、FAX、ホームページお問い合わせフォームから小社へお送りください。
回答にはお時間をいただく場合がございます。また、電話によるお問い合わせ、本書の内容を超えたご質問にはお答えできませんので、ご了承ください。本書に関する正誤等の情報は、小社ホームページもご参照ください。

【内容についての問い合わせ先】
　書　面　〒170-6014 東京都豊島区東池袋3-1-1 サンシャイン60 14階　高橋書店編集部
　ＦＡＸ　03-5957-7079
　メール　小社ホームページお問い合わせフォームから（https://www.takahashishoten.co.jp/）

【不良品についての問い合わせ先】
　ページの順序間違い・抜けなど物理的欠陥がございましたら、電話03-5957-7076へお問い合わせください。
　ただし、古書店等で購入・入手された商品の交換には一切応じられません。

7日でできる！

数的推理
判断推理
過去問ベスト

解答・解説

CONTENTS

練習問題1 | **答 1**

もも、りんご、なしの個数をそれぞれx個、y個、z個とし、問題文を式にする。

$x + y + z = 200$　　　　　……①
$300x + 200y + 100z = 36000$　　……②
$y < 100$　　　　　　　……③
$100z < 36000 \times 0.2$　　　……④

②と④は整理しておく。

②の両辺を100で割る。　$3x + 2y + z = 360$　　……②'
④の両辺を100で割る。　$z < 72$　　　　　　……④'

①と②'を組み合わせてxを消去する。

> x、y、zのうちどの文字を消去するかがカギ。**条件がたくさんついている文字は残しておく。** ここでは、条件③、④がついているyとzを残す。

①×3　　$3x + 3y + 3z = 600$
②'　　$-\ )\underline{3x + 2y + \ z = 360}$
　　　　　　　　$y + 2z = 240$　　　……⑤

これ以外には式がないので、⑤を使ってyとzを決めていく。
まずyについて解いておく。

$y = 240 - 2z$　　　　　　……⑤'

④'より、$z < 72$なので、⑤'に$=71$、70、69、…と代入して調べていく。

$z = 71$　→　$y = 240 - 2 \times 71 = 98$
$z = 70$　→　$y = 240 - 2 \times 70 = 100$
$z = 69$　→　$y = 240 - 2 \times 69 = 102$
　　　⋮　　　　　　　⋮

③より、$y < 100$という条件があるため$y = 100$、102、…は成り立たない。
よって、$z = 71$、$y = 98$と決まる。
これらを①に代入すると

$x + 98 + 71 = 200$
$\therefore x = 31$（個）

したがって、ももの売上金額は300（円）$\times 31$（個）$= \textbf{9300}$（円）。
よって、**正解は選択肢1。**

練習問題 2 | 答 3

初日の商品Ａの販売数量をx個とおくと、2日目の販売数量は$(x+10)$個。
また、商品Ｂの初日の販売数量をy個とし、2日目の販売数量をz個とする。
以上を使って、問題文を式に表わす。

[初日]　　$50x + 10y = 5800$　　$5x + y = 580$　…①
[2日目]　$40(x+10) + 10z = 5000$　　$4x + z = 460$　…②

①と②を組み合わせてxを消去する。

$$
\begin{array}{r}
①×4\cdots\cdots\quad 20x + 4y = 2320 \\
②×5\cdots\cdots\; -)\underline{\;20x + 5z = 2300\;} \\
4y - 5z = 20 \\
y = 5 + \dfrac{5z}{4}\quad …③
\end{array}
$$

ここで、yは「商品の販売数量」なので、**必ず自然数**である。

したがって、③でyが自然数となるには、少なくとも$\dfrac{5z}{4}$が整数でなければならない。したがって、zは**4の倍数**でなければならない。
また問題文より、y、zは12個以上20個以下である。
zは4の倍数であり、12以上20以下ゆえ、$z = 12$、16、20のいずれかである。
このときのyは③より、$y = 20$、25、30となる。
yも12以上20以下ゆえ、$z = 12$、$y = 20$と決まる。
そこで、$y = 20$を①に代入すると、$5x + 20 = 580$　$5x = 560$　$x = 112$

したがって、商品Ａの2日目の販売数量は$112 + 10 = 122$となる。
よって、**正解は選択肢3**。

練習問題 3 | 答 3

まず、問題文を式にする。
300円と500円のケーキの購入数をそれぞれx個、y個とおく。
「どちらの種類も1個以上、2種類合計で15個以上購入したい」とあるので、
$x + y \geqq 15$　…①
$x \geqq 1$、$y \geqq 1$　…②

また、「支払金額を5,300円以内に収める」とあるので、
$300x + 500y \leqq 5300$　…③
ここで、x、yにあてはめる数の見当をつけるため、
5,300円以内で買える**300円のケーキの個数（x）の最大値**を考える。

$5300 \div 300 = 17.66\cdots$ より、17個である。しかし、17個買うと $300 \times 17 = 5100$（円）なので、500円のケーキを1個も買えず、②に反する。よって、x の最大値は **16**（個）なので、**$x = 16$ から順に、この値について場合分け**する。
ここで、③を変形すると、$500y \le 5300 - 300x$

$$\therefore y \le \frac{53}{5} - \frac{3x}{5} \quad \cdots ③'$$

●$x = 16$ のとき

③'より、$y \le 1$ となり、②より、$y = 1$ である。よって、**1**通り。
$\qquad\qquad\qquad\quad \underset{\longleftarrow\ y \ge 1}{}$

●$x = 15$ のとき

③'より、$y \le \dfrac{8}{5}$ となり、②より、$y = 1$ である。よって、**1**通り。

●$x = 14$ のとき

③'より、$y \le \dfrac{11}{5}$ となり、②より、$y = 1$ または2である。よって、**2**通り。

●$x = 13$ のとき

③'より、$y \le \dfrac{14}{5}$ となり、②より、$y = 1$ または2であるが、①より $y = 1$ は**不適**。
$\qquad\qquad\qquad\qquad\qquad\qquad\qquad\qquad \underset{\longleftarrow\ x + y \ge 15}{}$
よって、$y = 2$ の **1**通り。

●$x = 12$ のとき

③'より、$y \le \dfrac{17}{5}$ となり、②より、$y = 1$、2、3であるが、①より $y = 1$、2は**不適**。
よって、$y = 3$ の **1**通り。

●$x = 11$ のとき

③'より、$y \le 4$ となり、②より、$y = 1$、2、3、4であるが、
①より $y = 1$、2、3は**不適**。よって、$y = 4$ の **1**通り。

●$x = 10$ のとき

③'より、$y \le \dfrac{23}{5}$ となり、$y = 1$、2、3、4であるが、すべて①を満たさない

ので**不適**。$x = 9$ 以下の場合についても同様に、①を満たさないので**不適**である。

以上より、求めるケーキの数の組み合わせは、$1 + 1 + 2 + 1 + 1 + 1 = $ **7**通り。
よって、**正解は選択肢3**。

練習問題 1 | 答 **2**

整式に変形して(整式)×(整式)の形にする。 ➡ 例題の解き方を参照

$$\frac{1}{x} + \frac{1}{y} = \frac{1}{6} \qquad xy - 6x - 6y = 0 \qquad (x-6)(y-6) = 36$$

$(x-6)$と$(y-6)$をかけて36になる組み合わせを考えると、以下の9通り。

$x-6$	1	2	3	4	6	9	12	18	36
$y-6$	36★	18★	12★	9★	6	4	3	2	1

このうち$x<y$の条件を満たすのは、上記★の**4**つだけ。
したがって、$(x, y) = (7, 42)(8, 24)(9, 18)(10, 15)$の**4**組。
よって、正解は選択肢2。

練習問題 2 | 答 **5**

右辺の3.18は、$3 + 0.18 = 3 + \frac{18}{100} = \mathbf{3 + \frac{9}{50}}$と表わせる。

$$a + \frac{1}{b - \frac{4}{c}} = 3 + \frac{9}{50} \qquad よって、以下のように考える。$$

$$a = 3 \quad \cdots ① \qquad \frac{1}{b - \frac{4}{c}} = \frac{9}{50} \quad \cdots ②$$

②から、$\left(b - \frac{4}{c}\right) \times 9 = 1 \times 50$

> $\frac{B}{A} = \frac{D}{C}$のとき
> $A \times D = B \times C$となる

この式をbについて解くと、$9b - \frac{36}{c} = 50 \qquad 9b = 50 + \frac{36}{c} \quad \cdots ②'$

ここでcとbの組み合わせを考える。bが正の整数ゆえcは**36**の約数。
すなわち、$c = 1, 2, 3, 4, 6, 9, 12, 18, 36$のいずれか。
これらを②'に入れてbが正の整数になる場合を探すと、
$c = 9$のとき、$b = 6$しかない。
したがって、$a = \mathbf{3}$、$b = \mathbf{6}$、$c = \mathbf{9}$。よって$a + b + c = 3 + 6 + 9 = \mathbf{18}$
正解は選択肢5。

約数の個数

問題は本冊23ページ

練習問題 1 | 答 **4**

まず、640を**素因数分解**する。

```
2)640
2)320
2)160
2) 80
2) 40
2) 20
2) 10
    5
```
$\therefore 640 = 2^7 \times 5^1$ ◀── 数字の肩に乗っている小さな数字が「指数」

（指数＋1）を掛け合わせる。
$(7 + 1) \times (1 + 1) = 8 \times 2 = \mathbf{16}$
640の約数の個数は**16**個。
よって、**正解は選択肢4。**

練習問題 2 | 答 **2**

まず、507を**素因数分解**する。

```
 3)507
13)169
   13
```
$\therefore 507 = 3^1 \times 13^2$

（指数＋1）を掛け合わせる。
$(1 + 1) \times (2 + 1) = 2 \times 3 = \mathbf{6}$
507の約数の個数は**6**個。
よって、**正解は選択肢2。**

公倍数

問題は本冊25ページ

練習問題 1 | 答 **3**

取り出したカードの枚数を順番に数えていく。

ア．5の倍数の番号がついたカードの枚数

　　1〜100までの5の倍数は、5×1、5×2、……5×20　　ゆえ**20**枚。

イ．残った80枚のうち3の倍数の番号がついたカードの枚数

　　1〜100までの3の倍数は、3×1、3×2、……3×33
　　ただ、この33枚のうち5の倍数(例えば15)はもう**ア**で取り出されているので取り出せない。
　　つまり、5の倍数であり、かつ、3の倍数(5と3の公倍数)は箱の中にはない。

　　5と3の公倍数は、5と3の最小公倍数の倍数ゆえ、
　　15×1、15×2、……15×6の**6**枚はすでに箱の中にはない。
　　よって、**イ**で取り出した枚数は33−6=**27**(枚)

ウ．アで20枚、**イ**で27枚取り出しているので、残りは100−20−27=53(枚)

　　そのうち2の倍数を数える。1〜100までの100枚の中であれば50枚。

　　しかし、5の倍数はもうないから、2と5の公倍数は取り出せない。
　　2と5の最小公倍数は2×5=**10**
　　10×1、10×2、……10×10の10枚は取り出せない。

　　同様に、3の倍数でもあるものも、**イ**で取り出している。
　　その枚数は2と3の最小公倍数の倍数ゆえ、
　　6×1、6×2、……6×16の**16**枚。
　　ただし、この16枚の中には2と5の倍数としてカウント済みの30、60、90(2、3、5の公倍数)が入っている。この**3**つを取り出せない枚数としてカウントすると二重になるので除いておく。
　　よって、50−10−16+3=**27**(枚)

以上、**ア**で20枚、**イ**で27枚、**ウ**で27枚取り出す。
したがって、箱の中に残ったカードは、100−(20+27+27)=**26**(枚)
よって、**正解は選択肢3**。

練習問題 1 | 答 **1**

求める最小の**自然数**をxとおく。
また、それぞれ割ったときの答え（商）をa、b、cとおく。
$x \div 5 = a \cdots 4 \quad \rightarrow \quad x = 5 \times a + 4 \quad \cdots ①$
$x \div 6 = b \cdots 5 \quad \rightarrow \quad x = 6 \times b + 5 \quad \cdots ②$
$x \div 7 = c \cdots 6 \quad \rightarrow \quad x = 7 \times c + 6 \quad \cdots ③$

①〜③各式の**両辺に1を足す。** ← 右辺を5×（ ）、6×（ ）、7×（ ）の
$x + 1 = 5a + 4 + 1 \quad \cdots ①'$ 掛け算の形にしたいと考える。
$x + 1 = 6b + 5 + 1 \quad \cdots ②'$ この場合、両辺に1を足すとそうなる！
$x + 1 = 7c + 6 + 1 \quad \cdots ③'$

①'は、整理すると
$x + 1 = 5a + 5 = 5 \times (a + 1) \quad \cdots ①''$

②'③'も同様に整理する。
$x + 1 = 6b + 6 = 6 \times (b + 1) \quad \cdots ②''$
$x + 1 = 7c + 7 = 7 \times (c + 1) \quad \cdots ③''$

①''〜③''より、$(x + 1)$は、**5、6、7の公倍数**であることがわかる。
求めるのは、条件に合う「最も小さい数」なので、5、6、7の**最小公倍数**を求める。
$x + 1 = 5 \times 6 \times 7 = 210$
$x = 209$
xの各位の数字の和は、$2 + 0 + 9 = 11$
よって、**正解は選択肢1。**

練習問題 2 | 答 **5**

ある正の整数をx、**それぞれ割ったときの商をa、bとする。**
$x \div 5 = a \cdots 2 \quad \rightarrow \quad x = 5 \times a + 2 \quad \cdots ①$
$x \div 7 = b \cdots 2 \quad \rightarrow \quad x = 7 \times b + 2 \quad \cdots ②$

①、②式ともに**両辺から2を引くと** ← 右辺を5×（ ）、7×（ ）の
掛け算の形にしたいと考える。
この場合、両辺から2を引くとそうなる！

$x - 2 = 5 \times a$ …③

$x - 2 = 7 \times b$ …④

③、④から、$(x-2)$は**5と7の公倍数**であることがわかる。

5と7の最小公倍数は、**35**。公倍数は最小公倍数の倍数なので、$(x-2)$は、

35×1、35×2、35×3…とわかる。

最小のxを求めるので

$x - 2 = 35 \times 1$ $\quad \therefore x = 37$

各位の和は、$3 + 7 = 10$ よって、**正解は選択肢5。**

練習問題 3 | 答 **5**

条件より、

$(x+4) \div 6 = a$（aは整数） …①

$(x+7) \div 9 = b$（bは整数） …②

$(x+8) \div 10 = c$（cは整数） …③

①～③を変形させて、

$x + 4 = 6 \times a$ $\quad \therefore x = 6a - 4$ …①'

$x + 7 = 9 \times b$ $\quad \therefore x = 9b - 7$ …②'

$x + 8 = 10 \times c$ $\quad \therefore x = 10c - 8$ …③'

右辺を6×( )、9×( )、10×( )の掛け算の形にしたいと考える。この場合、両辺から2を引くとそうなる！

①'、②'、③'の**両辺からそれぞれ2を引く**と、

①'…$x - 2 = 6a - 4 - 2 = 6a - 6 = 6(a-1)$

②'…$x - 2 = 9b - 7 - 2 = 9b - 9 = 9(b-1)$

③'…$x - 2 = 10c - 8 - 2 = 10c - 10 = 10(c-1)$

以上より、$x-2$は、**6、9、10の公倍数**である。

そこでまず、**6、9、10の最小公倍数**を求める。

$2\,)\,\underline{6 \quad 9 \quad 10}$

$3\,)\,\underline{3 \quad 9 \quad 5}$

$\quad\ 1 \quad 3 \quad 5 \quad\quad 2 \times 3 \times 1 \times 3 \times 5 = \textbf{90}$

問題文より、xは3桁の数なので、$x - 2 = 90$は不可。

公倍数は最小公倍数の倍数なので、$90 \times 2 = 180$が、最も小さい3桁の数となる。

$x - 2 = 180$

$x = \textbf{182}$

各位の数の積は、$1 \times 8 \times 2 = \textbf{16}$ よって、**正解は選択肢5。**

06 覆面算

問題は本冊34〜35ページ

練習問題1 | 答 2

計算結果の桁数からヒントを探る。

$a×3$が1桁であることに注目。

```
      3 □ 7 □
    ×   □ □ a
    ─────────
    □ □ □ 7
```

← ここに□がないことに注目！

$a＝4$だとすると、

```
      3 □ 7 □
    ×   □ □ 4
    ─────────
  1 2 □ □ 7
```

← こうなってしまうので$a＝4$は成り立たない

つまり、3□7□×aの計算結果が4桁なので、aは**1**、**2**、**3**のいずれかである。
さらに、$a×b$が**7**であることから、$a＝2$ではない。
ここまでで、aは**1**か**3**に絞り込める。

```
      3 □ 7 b
    ×   □ □ a
    ─────────
    □ □ □ 7
```

ここが奇数なのでaは偶数ではない

(1)$a＝1$と仮定する

```
            3 c 7 b
        ×   e d 1   ← a＝1と仮定
        ───────────
          h g f 7
      m l k j i
    q p o n 2
    ─────────────
    X □ Y □ 0 2 7
```

① $3c7b×1＝hgf7$ から、
$b＝7$、$f＝7$、$h＝3$ とわかる。

```
            3 c 7 7
        ×   e d 1
        ───────────
          3 g 7 7   ← ①
      m l k j i
    q p o n 2
    ─────────────
    X □ Y □ 0 2 7
```

② $f＋i$の一の位が2であることと、
$f＝7$がわかっているので、$i＝5$。

```
            3 c 7 7
        ×   e d 1
        ───────────
          3 g 7 7
      m l k j 5   ← ②
    q p o n 2
    ─────────────
    X □ Y □ 0 2 7
```

10

③$i＝5$ということは
　$d×7$の一の位が5なので$d＝5$
※5×7＝35

```
                      3  [c]  7 ⌐7   ③
                   ×     [e]  5  [1]
                      3  [g]  7   7
            [m][l][k][j]  5
      [q][p][o][n]  2
      [X][ ][Y][ ]  0   2   7
```

あとは順に判明し、
右記のようになる。

```
                 3  9^c  7   7^b
              ×      6^e  5^d  1
                 3^h  9^g  7^f  7
           1^m  9^l  8^k  8^j  5^i
      2^q  3^p  8^o  6^n  2
      2^X  5   8^Y  9   0   2   7
```

$$X＋Y＝10$$

(2)$a＝3$と仮定する

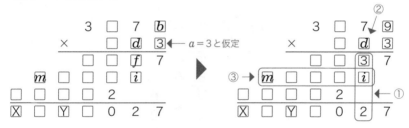

$a＝3$より、$b＝9$、$f＝3$が決まる。
①の足し算に着目して、$i＝9$。
$d×9$の一の位が9なので$d＝1$とわかる（②）。
$d＝1$とすると③は3□79×1で4桁の数となり、mに入る数字がなく、成り立たない。つまり、$a＝3$は成立しないことがわかる。

以上より、$a＝1$と確定し、X＋Y＝10
よって、**正解は選択肢2**。

それぞれの□をA～Sとする。

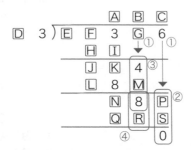

①G＝**4**、P＝**6**　　②P－S＝0より、S＝**6**
③4－M＝8より、M＝**6**　　④8－R＝0より、R＝**8**

以下のようになる。

```
              Ⓐ Ⓑ Ⓒ
   Ⓓ  3)Ⓔ Ⓕ 3 4ᴳ 6
            Ⓗ Ⓘ
            Ⓙ Ⓚ 4
            Ⓛ 8 6ᴹ
              Ⓝ 8 6ᴾ
       ⑤  Ⓠ 8ᴿ 6ˢ
                 0
```

次に⑤に着目する。

C×□3＝Q86を考える。　　　　Ⓓ 3
　　　　　　　　　　　　×　　　Ⓒ　　　Ⓒ×3の一の位が6なので、C＝**2**
　　　　　　　　　　　　――――――
　　　　　　　　　　　　Ⓠ 8 6

次にDとQを考える。　　　　　　Ⓓ 3
　　　　　　　　　　　　×　　　②　　　2×□＝Ⓠ8となる数を考えると、
　　　　　　　　　　　　――――――
　　　　　　　　　　　　Ⓠ 8 6　　　D＝**9**、Q－**1**しかない。

93×$\boxed{B}$の一の位が6なので、B＝**2**
93×2の百の位が$\boxed{L}$なので、L＝**1**

```
              A   2ᴮ  2ᶜ
    9ᴰ 3 ) E   F   3   4   6
            H   I
            J   K   4
            1ᴸ  8   6
                N   8   6
                1ᵠ  8   6
                    0
```

$\boxed{J}\boxed{K}4－186＝\boxed{N}8$なので、J＝**2**、K＝**0**
$3－\boxed{I}＝0$なので、I＝**3**

```
              A   2   2
    9  3 ) E   F   3   4   6
            H   3ᴵ
            2ᴶ  0ᴷ  4
            1   8   6
                N   8   6
                Q   8   6
                    0
```

$\boxed{A}×93$の一の位が**3**なので、A＝**1**、H＝**9**
$\boxed{E}\boxed{F}3－93＝$**20**なので、E＝**1**、F＝**1**
$204－186＝\boxed{N}8$なので、N＝1

```
              1ᴬ  2   2
    9  3 ) 1ᴱ  1ᶠ  3   4   6
            9ᴴ  3
            2   0   4
            1   8   6
                1ᴺ  8   6
                1   8   6
                    0
```

以上より、A＋B＋C＝**1**＋**2**＋**2**＝**5**
よって、**正解は選択肢1。**

魔方陣

問題は本冊39ページ

練習問題 1 | 答 **3**

A、Bを除く
数字の入って
いないマス目を、
a〜gとする。

4	a	b	16
14	c	7	B
A	d	6	3
e	8	f	g

本冊36ページの「先生の作戦」より、
$e + 16 = 17$
よって $e = 17 - 16 = 1$
次に、
$A = 34 - (4 + 14 + 1) = $ **15**
AとBは、魔方陣の中心について対称な位置にあるので、
$B = 17 - 15 = $ **2**
以上より、求めるA、Bの積は、$15 \times 2 = $ **30**
よって、**正解は選択肢3。**

練習問題 2 | 答 **3**

まず縦、横、対角線の各合計がいくつになるかを求める。

$$1 + 2 + \cdots\cdots + 24 + 25 = \frac{(1 + 25) \times 25}{2} = 13 \times 25$$

5×5 の魔方陣だから、5で割る。
$13 \times 25 \div 5 = 65$
縦、横、対角線の各合計は65ゆえ、①より
$17 + 24 + 1 + 8 + B = 65$
$\therefore B = $ **15**

次に②より
$11 + 18 + 25 + a + 9 = 65$
$\therefore a = $ **2**

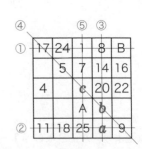

次に③より
$$8+14+20+b+2=65$$
$$\therefore b = \mathbf{21}$$

次に④より
$$17+5+c+21+9=65$$
$$\therefore c = \mathbf{13} \overset{\curvearrowright}{} b$$

次に⑤より
$$1+7+13+A+25=65$$
$$\therefore A = \mathbf{19} \overset{\curvearrowleft}{} c$$

以上より、A＋B＝15＋19＝**34**
よって、**正解は選択肢3。**

練習問題 3 ｜ 答 **4**

縦、横、対角線いずれの4つの数字の和をYとする。

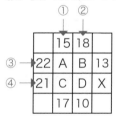

①より、15＋A＋C＋17＝Y　…①'
②より、18＋B＋D＋10＝Y　…②'
③より、22＋A＋B＋13＝Y　…③'
④より、21＋C＋D＋X＝Y　…④'
①'と③'より、15＋A＋C＋17＝22＋A＋B＋13
C＋32＝B＋35
$$\therefore B = C-3 \quad \cdots⑤$$

⑤を②'に代入すると、18＋C－3＋D＋10＝Y
よって、C＋D＋25＝Y　…⑤'
④'と⑤'より、21＋C＋D＋X＝C＋D＋25
$$\therefore X = \mathbf{4}とわかる。$$
よって、**正解は選択肢4。**

練習問題 1 | 答 3

(1) 横、斜め、と規則性がないか探す

斜めにそれぞれ、4の倍数、9の倍数、16の倍数に
なっていることがわかるので、この規則から次のよ
うに増えることが予想できる。

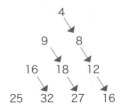

4の倍数…4×1、4×2、4×3、4×4、4×5、…
9の倍数…9×1、9×2、9×3、9×4、9×5、…
16の倍数…16×1、16×2、16×3、16×4、16×5、…
25の倍数…25×1、25×2、25×3、25×4、25×5、…

(2) 次に、5段目以降の一番左側を予想する

各段の一番左側の数は、　4　　9　　16　　25
　　　　　　　　　　　　　　+5　+7　+9

と増えていることから、以降は、差が11、13、15、…と増えることが予想される。
各段の一番左側は、次のように予想できる。

4　 9　 16　 25　 36　 49　 64　 81　 100 121……
　+5　+7　+9　+11 +13 +15 +17 +19 +21

そして、それぞれ斜め右下方向へ、その2倍、3倍、…の数字が続く。

(3) 一方で、求める847という数の成り立ちを素因数分解して調べておく

847 = **7 × 11 × 11**

11 × 11 = **121** なので、847 = **121 × 7** である。

先ほど、10段目の一番左側が **121** になることがわかり、

各段は斜めに、×2、×3、×4、…と増えていくことから、

121 × 7は、10段目からさらに右下に **6** 段下がった位置にあることがわかる。

10 + 6 = **16** 段目

よって、**正解は選択肢3**。

練習問題 2 | 答 **4**

1段増やすごとに必要となる本数を、図を描きながら数えてみると、

   1段目   2段目   3段目   4段目
   3本   6本   9本   12本 …

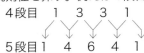

このことから、12段目までには
3＋6＋9＋12＋15＋…＋33＋36　必要となることがわかる。
これは初項3から12項36までの等差数列の和になるので、

$$\frac{(3+36) \times 12}{2} = 234$$

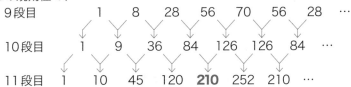

等差数列の和
a_1、a_2、a_3……a_n
の初項 a_1 から n 項目までの和 S_n は、
$S_n = \dfrac{(a_1 + a_n) \times n}{2}$ で求める。

よって、**正解は選択肢4。**

練習問題 3 | 答 **3**

規則性を探す。例えば4段目、5段目を見ると、

4段目　　1　3　3　1

5段目　1　4　6　4　1

となっていて、隣り同士の和が次の段の数字になっていることがわかる。
この規則性で、

9段目　　　　　　1　　8　　28　　56　　70　　56　　28　…

10段目　　　　1　　9　　36　　84　　126　　126　　84　…

11段目　1　10　45　120　**210**　252　210　…

と順に書き出していくと、

17段目　1　16　120　560　1820　4368　8008　**11440**　12870
となる。
17段目には17個の数字が並ぶので、右から8番目は左から8番目と同じ数字
になる。

11段目の左から5番目 … **210**
17段目の左から8番目 … **11440**
210＋11440＝**11650**
よって、**正解は選択肢3。**

09 順列・組み合わせ

問題は本冊46〜47ページ

練習問題 1 | 答 **3**

直線 l 上にある6点をそれぞれA、B、C、D、E、F点とし、直線 m 上にある4点をG、H、I、J点とする。

三角形をいくつか作ってみると、下図のようになる。

三角形を作るには、

①m 上から2点、l 上から1点選ぶ
②l 上から2点、m 上から1点選ぶ

の2パターンあることがわかる。

それぞれの選び方を数える。

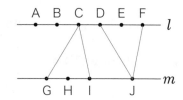

①m 上から2点、l 上から1点選ぶ選び方

m 上から2点を選ぶ選び方　$_4C_2 = \dfrac{4 \times 3}{2 \times 1} = \mathbf{6}$ 通り

l 上から1点を選ぶ選び方　$_6C_1 = \mathbf{6}$ 通り

m 上の2点の選び方に対して、それぞれ l 上の1点の選び方があるので、選び方は全部で $6 \times 6 = \mathbf{36}$ 通り。

②l 上から2点、m 上から1点選ぶ選び方

①と同様に考える

$_6C_2 \times {}_4C_1 = \dfrac{6 \times 5}{2 \times 1} \times 4 = \mathbf{60}$ 通り

以上より、$36 + 60 = \mathbf{96}$ 通り。よって、**正解は選択肢3。**

練習問題 2 | 答 **3**

3人とも1個以上は受け取るので、A、B、Cに1個ずつ分けた、残り5個の分け方を考える。

5個のキャラメルを並べて、
2つの仕切り板で次のように分けていく。

右図は、Aが1個、Bが2個、Cが2個受け取った場合。

また、次のような分け方もある。

Aが0個、Bが3個、
Cが2個受け取った場合、
右図のようになる。

$$A \qquad B \qquad C$$
| ◯ ◯ ◯ | ◯ ◯

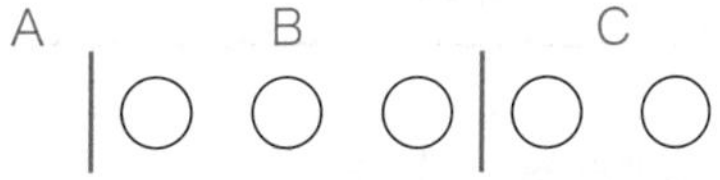

Aが3個、Bが0個、
Cが2個受け取った場合、
右図のようになる。

$$A \qquad\qquad B \quad C$$
◯ ◯ ◯ | | ◯ ◯

これから、「◯」と「｜」の並べ方で分け方が表わせることがわかる。
そこで「◯」が5個と「｜」が2個の並べ方を考える。
それぞれ同じ「◯」が5個、「｜」が2個あるので、

$$\frac{(5+2)!}{5!\,2!} = \frac{7 \times 6 \times 5 \times 4 \times 3 \times 2 \times 1}{5 \times 4 \times 3 \times 2 \times 1 \times 2 \times 1}$$

$$= 21 \text{通り}$$

> 「！」は階乗（かいじょう）と読む
> 整数 n の階乗（ $n!$ ）は、1から n までのすべての整数の積。
> 例）　 $3! = 3 \times 2 \times 1$
> 　　　 $4! = 4 \times 3 \times 2 \times 1$

以上より、**21**通り。
よって、**正解は選択肢3**。

練習問題 3 ｜ 答 **4**

A駅からXまでは、とにかく上に2マス、右に2マスの計4マスを進むのが最
短である。
「1回目→2回目→3回目→4回目」の4回のうち、上に進む2回を選ぶ選び方は、

$$_4C_2 = \frac{4 \times 3}{2 \times 1} = 6 \text{通り}。$$

残った2回は右に進めばよい。
よって、A駅からXまでの最短経路は**6**通り。

XからB駅は「上→右」か「右→上」の**2**通り。
A駅からXまでの6通りそれぞれに、XからB駅までの2通りがあるので、
$6 \times 2 = \mathbf{12}$通り。

以上より、**12**通り。
よって、**正解は選択肢4**。

確 率

問題は本冊50〜51ページ

練習問題 1 | 答 **5**

まず「起こりうるすべての場合の数」を数える。

サイコロを3回振るので目の出方は、6×6×6＝**216**通り。

次に、出た3つの目の和が素数になる3つの数の組み合わせを重複なく数える（3つのサイコロを転がしてできる最小の数は3、最大の数は18なので、その中から素数を抜き出す）。

1回目、2回目、3回目にどの数が出たかはあとで考えることとし、とにかく3つの数の組み合わせを書き出すと以下のとおり。

（素数）

3… (1, 1, 1)
    1通り

5… (1, 1, 3) (1, 2, 2)   (1, 2, 2)(2, 1, 2)(2, 2, 1)
    3通り   3通り

7… (1, 1, 5) (1, 2, 4) (1, 3, 3) (2, 2, 3)   (1, 2, 4)(1, 4, 2)(2, 1, 4)(2, 4, 1)(4, 1, 2)(4, 2, 1)
    3通り   6通り   3通り   3通り

11… (1, 4, 6) (1, 5, 5) (2, 3, 6) (2, 4, 5) (3, 3, 5) (3, 4, 4)
    6通り   3通り   6通り   6通り   3通り   3通り

13… (1, 6, 6) (2, 5, 6) (3, 4, 6) (3, 5, 5) (4, 4, 5)
    3通り   6通り   6通り   3通り   3通り

17… (5, 6, 6)
    3通り

上記の19通りであるが、例えば17となる(5, 6, 6)は1回目から出た順に(5, 6, 6)でも、(6, 5, 6)でも(6, 6, 5)でも3つの和が17（素数）となるので、目の出方としては3通りである。

このように、3つのうち、2つの数字が同じ場合は3通り。

3つとも異なる場合は6通り。

同様に考えると上記の赤字のとおり。全部足すと、

1＋3＋3＋3＋6＋3＋3＋6＋3＋6＋6＋3＋3＋3＋6＋6＋3＋3＋3＝**73**（通り）

よって、求める確率は、$\dfrac{73}{6 \times 6 \times 6} = \dfrac{73}{216}$

以上より、**正解は選択肢5**。

練習問題 2 | 答 **1**

「あいこ」になる場合の数を求めようとすると、パターンが多すぎてとても複雑になるので、余事象を考える。

「あいこ」にならない＝勝負が決まる

そこで、1回のじゃんけんで勝負がつく場合を考える。

1回のじゃんけんで勝負がつく場合

① 勝者1人、敗者4人　⎫
② 勝者2人、敗者3人　⎬　この4パターンがある。
③ 勝者3人、敗者2人　⎪
④ 勝者4人、敗者1人　⎭

(1)起こりうるすべての場合の数

5人でじゃんけんをすると、5人の出し方にはそれぞれ、グー、チョキ、パーの3通りある。したがって、起こりうるすべての場合の数は、

$3 \times 3 \times 3 \times 3 \times 3$

(2)勝負が決まる場合の数

① 勝者1人、敗者4人の場合

誰が　　　　どの手で

$_5C_1 \quad \times \quad _3C_1 \quad = 5 \times 3 = \mathbf{15}$ 通り

5人のうちの誰が　　グー、チョキ、パーのどれで勝ったか

同様に
② 勝者2人 $\cdots _5C_2 \times _3C_1 = \dfrac{5 \times 4}{2 \times 1} \times 3 = \mathbf{30}$

③ 勝者3人 $\cdots _5C_3 \times _3C_1 = \dfrac{5 \times 4 \times 3}{3 \times 2 \times 1} \times 3 = \mathbf{30}$

④ 勝者4人 $\cdots _5C_4 \times _3C_1 = \dfrac{5 \times 4 \times 3 \times 2}{4 \times 3 \times 2 \times 1} \times 3 = \mathbf{15}$

以上より、1回のじゃんけんで勝負が決まる場合は、

$15 + 30 + 30 + 15 = \mathbf{90}$ 通り

したがって、勝負が決まる確率は、

$$\dfrac{①〜④の場合の数}{起こりうるすべての場合の数} = \dfrac{90}{3 \times 3 \times 3 \times 3 \times 3} = \dfrac{10}{27}$$

「あいこ」になる確率は、勝負が決まらない確率。

$1 - \dfrac{10}{27} = \dfrac{17}{27}$　←── 全体(1)－勝負が決まる確率　　よって、**正解は選択肢1。**

記数法

問題は本冊54～55ページ

練習問題1 ｜ 答 **3**

差を計算するため、5進法、3進法の数をそれぞれ10進法に変換する。

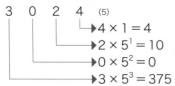

$$\therefore 4 + 10 + 0 + 375 = \mathbf{389}$$

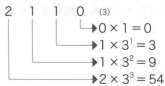

$$\therefore 0 + 3 + 9 + 54 = \mathbf{66}$$

差は $389 - 66 = \mathbf{323}$

10進法の323を7進法に変換する。

$$
\begin{array}{r}
7\,)\,3\,2\,3 \\
7\,)\ \ 4\,6 \quad \cdots 1 \\
6 \quad \cdots 4
\end{array}
$$

$$\therefore 641_{(7)}$$　　よって、**正解は選択肢3。**

練習問題2 ｜ 答 **2**

5進法は、0、1、2、3、4の5つの記号で表記する。
したがって、5進法の4桁の最大の数は、**4444(5)**。
これを10進法に直すと、
$$4 \times 5^3 + 4 \times 5^2 + 4 \times 5^1 + 4 \times 5^0 = \mathbf{624_{(10)}}$$
10進法の624を7進法に直す。

$$
\begin{array}{r}
7\,)\,6\,2\,4 \\
7\,)\ \ 8\,9 \quad \cdots 1 \\
7\,)\ \ 1\,2 \quad \cdots 5 \\
1 \quad \cdots 5
\end{array}
$$

よって **1551(7)**

以上より、10進法の624は5進法で示しても7進法で示しても4桁となる。
この数を3進法に直すと、

```
3 ) 6 2 4
3 ) 2 0 8   …0
3 )   6 9   …1
3 )   2 3   …0
3 )     7   …2
          2   …1
```

よって **212010**₍₃₎

よって、3進法では**6桁**となる。
以上より、**正解は選択肢2**。

練習問題 3 │ 答 **5**

26進法のBBを10進法に変換する。

2進法や3進法と同様に、
下記のように計算できる。

B　B (26)
→ B×1
→ B×26¹

B＝1と条件が出されているので、

1　1 (26)
→ 1×1＝1
→ 1×26¹＝26　　∴1＋26＝**27**₍₁₀₎

A＝0、B＝1、C＝2、…と順に考えていくとF＝5である。
よって、BB＋F＝27＋5＝**32**₍₁₀₎
　　　　BB＋F＋F＝27＋5＋5＝**37**₍₁₀₎
　　　　BB＋F＋F＋F＝27＋5＋5＋5＝**42**₍₁₀₎
　　　　⋮
　　　　⋮

となり、BBといくつかのFの和は、
10進法にしたときに一の位が**2**か**7**となる数字であることがわかる。
26進法の選択肢1〜5を、それぞれ10進法に変換してみる。

1 C　C→2　2
→ 2×1＝2
→ 2×26¹＝54
∴2＋52＝**54**

2 D　D→3　3
→ 3×1＝3
→ 3×26¹＝78
∴3＋78＝**81**

3 E　E→4　4
→ 4×1＝4
→ 4×26¹＝104
∴4＋104＝**108**

4 F　F→5　5
→ 5×1＝5
→ 5×26¹＝130
∴5＋130＝**135**

5 G　G→6　6
→ 6×1＝6
→ 6×26¹＝156
∴6＋156＝**162**

以上より、一の位が2か7となるのは、
GGのみ。
よって、**正解は選択肢5**。

練習問題1　答 1

(1)仮の値を入れて問題文を整理する
仕入れ個数は120個と示されているが、原価については示されていないので、原価を仮に100円として考える。

1個あたりの原価　100円　　←──── 仮の値
定価　150円（原価に対し5割の利益を上乗せ）
定価の1割引　150円−15円＝135円
定価の半額　75円

───────────────────

仕入れ額　100円×120個＝12000円
原価に対して1割5分の利益
$$12000円 \times 0.15$$

(2)総売上げを求める

全部合わせて120個 {
定価で売った個数　60個　　←──── 仕入れ個数の半分
定価の1割引きで売った個数　x個　　←──── これをxとおく
定価の半額で売った個数　$(60-x)$個
}

総売上げは
$$150 \times 60 + 135 \times x + 75 \times (60-x)$$
　定価　　定価の1割引き　　定価の半額

$= 9000 + 135x + 4500 - 75x$
$= 13500 + 60x$

(3)xを求める
仕入れ額は12000円なので、利益は
$13500 + 60x - 12000$ と表わせる。　←──── 売上げ−仕入れ値

これが 原価×0.15 と等しいので
$$13500 + 60x - 12000 = 12000 \times 0.15$$
$$60x = 1800 - 1500$$
$$x = 5$$

定価の1割引きで売った個数は**5個**。
よって、**正解は選択肢1**。

練習問題 2 ｜ 答 **2**

特に値が与えられていないので、以下のように仮の値をおいて問題文を整理する。

仮の値

男女比を求める問題なので、
女性客は仮の値でおくことはできない

仮の値

・サービスデー前日　男…10人、女…x人、客1人あたりの利益100円
・サービスデー　　　男…17人、女…0.7x人、客1人あたりの利益80円

これらの値を前提に、
サービスデー前日の総利益×1.2＝サービスデーの総利益 なので、
次の式がたてられる。

$$（10人＋x人）×100円×1.2＝（17人＋0.7x人）×80円$$
$$（10＋x）×12＝（17＋0.7x）×8$$
$$120＋12x＝136＋5.6x$$
$$6.4x＝16$$

$$x＝\frac{16}{6.4}＝\frac{160}{64}＝\frac{5}{2}＝\textbf{2.5}$$

これは、前日の男性客を10人と仮定すると、女性客が2.5人ということ。
つまり、サービスデー前日の男女比は10：2.5。
これを整数比に直すと**4：1**

つまり、全体に占める女性客の割合は $\dfrac{1}{4＋1}＝\dfrac{1}{5}＝\textbf{20\%}$

よって、**正解は選択肢2**。

13 割合2（濃度）

問題は本冊64ページ

練習問題1 | **答 1**

容器Aの様子をてんびんで表わす。
最初に容器Aに入っていた食塩水をxgとする。

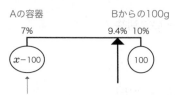

Aの容器　　　　　Bからの100g

7%　　　　　　9.4%　10%

$x-100$　　　　100

100g取り出されているから（$x-100$）

おもりの比は腕の長さの比の逆比ゆえ、

$(x-100):100 = \underset{1}{0.6}:\underset{4}{2.4}$

$$(x-100) \times 4 = 100 \times 1$$
$$4x - 400 = 100$$
$$4x = 500$$
$$x = \mathbf{125}$$

以上より、最初に容器Aに入っていた食塩水は**125**g。
よって、**正解は選択肢1**。

練習問題 2 | 答 **5**

容器A、Bから取り出した食塩水をxgとして、てんびんを書く。

(1)容器Aから取り出したxg（濃度8%）を、xgを取り出したあとの容器Bに入れる。混ぜたあとの濃度をy%とおく。

おもりの比は腕の長さの比の逆比ゆえ、
$$x : (800 - x) = (y - 3) : (8 - y) \quad \cdots ①$$

(2)次に容器Bから取り出したxg（濃度3%）を、xgを取り出したあとの容器Aに入れるてんびんを書く。混ぜたあとの濃度はy%。

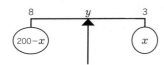

おもりの比は腕の長さの比の逆比ゆえ、
$$(200 - x) : x = (y - 3) : (8 - y) \quad \cdots ②$$

(3)①と②を連立させてxを求める。

①より、
$$x(8 - y) = (800 - x)(y - 3)$$
$$8x - xy = 800y - 2400 - xy + 3x$$
$$5x - 800y = -2400 \quad \cdots ①'$$

②より、
$$(200 - x)(8 - y) = x(y - 3)$$
$$1600 - 200y - 8x + xy = xy - 3x$$
$$5x + 200y = 1600 \quad \cdots ②'$$

①'−②'
$$\begin{array}{r} 5x - 800y = -2400 \\ -)\ 5x + 200y = 1600 \\ \hline -1000y = -4000 \end{array}$$
$$y = 4 \qquad \therefore x = \mathbf{160}$$

以上より、取り出した食塩水は**160**g。
よって、**正解は選択肢5。**

速さ1

問題は本冊68〜69ページ

練習問題1 | 答 **4**

状況を図にすると以下のようになる。

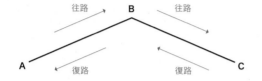

上り坂：時速6km
下り坂：時速20km

時間の単位を揃えるために「分」を「時間」に直しておく。

・C地点での休憩15分…$\dfrac{15}{60}$時間

> 「分」を60で割ると、
> 「時間」の単位になる

・復路B地点での休憩8分…$\dfrac{8}{60}$時間

AB間の距離を$x$km、BC間の距離を$y$kmとする。

$$\dfrac{距離}{速さ}=時間$$

以下の式が立てられる。

A→B(上り)…$\dfrac{x}{6}$、 B→C(下り)…$\dfrac{y}{20}$

C→B(上り)…$\dfrac{y}{6}$、 B→A(下り)…$\dfrac{x}{20}$

休憩時間も含め往復1時間15分($1\dfrac{15}{60}$時間)なので、

$$\dfrac{x}{6}+\dfrac{y}{20}+\dfrac{15}{60}+\dfrac{y}{6}+\dfrac{8}{60}+\dfrac{x}{20}=1\dfrac{15}{60}$$

$$\dfrac{10x}{60}+\dfrac{3y}{60}+\dfrac{15}{60}+\dfrac{10y}{60}+\dfrac{8}{60}+\dfrac{3x}{60}=\dfrac{75}{60}$$

$$13x+13y=52$$
$$x+y=4$$

以上より、AからCまでの距離は**4km**、すなわち**4,000m**。
よって、**正解は選択肢4**。

練習問題 2 ｜ 答 **2**

「時差については、ロサンゼルスは東京よりも17時間遅い」ことがわかっているので、ロサンゼルス上空を通過したのは、日本時間に直すと6時50分＋17時間＝23時50分である。

よって、東京からロサンゼルスまでにかかった時間は、

23時50分－15時30分＝8時20分＝$8\dfrac{1}{3}$ 時間であることがわかる。

（図：日本 → アメリカ　ジェット気流　秒速50m　時速900km　東京 15時30分　ロサンゼルス 現地時間6時50分）

「速さ」と「時間」がわかったので、速さの公式を使って東京ーロサンゼルス間の距離を求める。
ジェット気流に乗っていくので、行きの速さは
航空機自体の速さ＋ジェット気流の速さ
よって、距離は以下のとおり。

（時速900km＋秒速50m）× $8\dfrac{1}{3}$ 時間

$$(900+180)\times\dfrac{25}{3}=\dfrac{1080\times25}{3}$$

$$=\dfrac{\overset{360}{\cancel{1080}}\times25}{\cancel{3}_{1}}\text{ km}$$

> **m/秒をkm/時にする**
> m/秒×60×60＝m/時
> m/時÷1000＝km/時

帰りは風に逆らって飛ぶので、速さは
航空機自体の速さ－ジェット気流の速さとなる。

時間＝$\dfrac{距離}{速さ}$ の公式にあてはめる。

$$\dfrac{360\times25}{900-180}=\dfrac{360\times25}{720}$$

$$=\dfrac{\overset{1}{\cancel{360}}\times25}{\cancel{720}_{2}}$$

$$=12.5（時間）$$
$$=\textbf{12時間30分}$$

つまり、ロサンゼルスから東京までにかかる時間は **12時間30分**。
よって、**正解は選択肢2。**

列車の長さを am とおいて、問題文を式に表わす。

(1)トンネルにさしかかってから入りきるまでに9秒かかった。

(2)300mの鉄橋にさしかかってから渡りきるまでに21秒かかった。

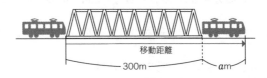

・列車の速さ …x(m/秒)
・列車の長さ …a(m)
として式をたてると
速さ×時間＝距離なので

(1) $x \times 9 = a$ …①
(2) $x \times 21 = 300 + a$ …②

①を②に代入すると
$21x = 300 + 9x$ ◀── 9x＝aを21x＝300＋aに代入
$12x = 300$

$$x = \frac{300}{12} = \frac{\overset{100}{300}}{\underset{1}{3 \times 4}} = 25$$

よって、列車の速度は**25**m/秒とわかる。
選択肢にあわせ、時速に直す。

25m/秒 × 60 × 60 ＝ **90000**m/時
　　　　　　　　＝ **90**km/時

mをkmにする
m ÷ 1000

つまり、列車の速さは、時速**90**km。
よって、正解は選択肢2。

30

練習問題 4 | 答 **3**

時計に関する問題について、以下の2点を押さえておく。
・**長針は1分間に6度ずつ回転する**
・**短針は1分間に0.5度ずつ回転する**

長針と短針の重なる時刻を2時x分とする。
2時から2時x分の間に、長針と短針がそれぞれ何度回転したか考える。
長針は、1分間に6度ずつ回転するので、x分では、$6 \times x$(度)回転する。
短針は、1分間に0.5度ずつ回転するので、x分では、$0.5 \times x$(度)回転する。

2時x分の時点で、長針は12時の方向から見て$(6 \times x)$度回転している。
同様に、短針は2時ちょうどの時点ですでに60度回転している。
したがって、2時x分の時点で$(60 + 0.5 \times x)$度回転していることになる。
$\underset{\text{長針}}{6 \times x} = \underset{\text{短針}}{60 + 0.5 \times x}$

$6x = 60 + 0.5x$
$5.5x = 60$

$$x = \frac{60}{5.5} = \frac{600}{55} = \frac{120}{11}$$
$$= 10\frac{10}{11}$$

選択肢に合わせるため、$\dfrac{10}{11}$ 分を秒に直す。

1分＝60秒。この両辺に $\dfrac{10}{11}$ を掛ける。

$$1\text{分} \times \frac{10}{11} = 60\text{秒} \times \frac{10}{11}$$

$$\frac{10}{11}\text{分} = \frac{600}{11}\text{秒} = \textbf{54.54}\cdots\text{秒}$$

つまり、$x = \textbf{10分54.5}\cdots\text{秒}$。
よって、**正解は選択肢3**。

問題は本冊73ページ

練習問題1 | 答 **1**

それぞれの状況を式で表わす。
・A君の歩く速さをam/分
・電車の速さをbm/分
・電車の運行間隔をt分ごと
ここから電車同士の間隔は、bm/分 × t分 = bt(m) ◀──── 速さ×時間＝距離

(1)A君は電車に9分ごとに追い越される。
$(b$m/分 − am/分$) × 9$分 = btm ⋯①

(2)A君は電車に6分ごとに出会う。
$(a$m/分 + bm/分$) × 6$分 = btm ⋯②

①、②を連立させてtを求める。

$$
\begin{array}{ll}
①×4 & 36b - 36a = 4bt \\
②×6 \quad + & \underline{)\ 36b + 36a = 6bt} \\
& 72b \qquad\quad = 10bt \quad ⋯③
\end{array}
$$

$72b = 10bt$
$10t = 72$ ◀──── ③の両辺をbで割る
$t = 7.2$分
7.2分のうちの0.2分を秒に直す。

> **分を秒にする**
> 分 × 60 ＝ 秒

0.2分 $= \dfrac{2}{10}$分

$\dfrac{2}{10} × 60 = $ **12秒**

つまり、電車の運行間隔は、**7分12秒**ごと。
よって、**正解は選択肢1。**

練習問題 2 | 答 **3**

(1)上りのエスカレーターに乗っている人（仮にAとする）が、階段を下りてきた5人の列とすれ違うのに5秒かかった。

・エスカレーターの速さ…時速1.8km
・階段を下りる5人の列の速さ…時速am
・5人の列の長さ…xmとすると、

$$\underset{距離}{x\text{m}} \div (\underset{速さ}{時速1.8\text{km} + 時速a\text{m}}) = \underset{時間}{5秒} \quad \cdots①$$

(2)時速720mで階段を下りている人を10秒かかって追い越した。

・階段を下りる5人の列の速さ…時速am
・階段を下りている人の速さ…時速720m
・5人の列の長さ…xmとすると、

$$\underset{距離}{x\text{m}} \div (\underset{速さ}{時速a\text{m} - 時速720\text{m}}) = \underset{時間}{10秒} \quad \cdots②$$

①、②を連立させてx、aを求める。

まず、距離の単位は「m」、時間の単位は「時」に揃えておく。

$$x \div (1800 + a) = \frac{1}{720} \quad \cdots①'$$

$\rightarrow$ 1秒 $= \frac{1}{3600}$ 時間

$$x \div (a - 720) = \frac{1}{360} \quad \cdots②'$$

①'を変形すると、$x = \dfrac{1800 + a}{720} \quad \cdots③$

②'を変形すると、$x = \dfrac{a - 720}{360} \quad \cdots④$

③、④から

$$\frac{1800 + a}{720} = \frac{a - 720}{360}$$

$$1800 + a = 2(a - 720)$$
$$1800 + a = 2a - 1440$$
$$a = \mathbf{3240}$$

aを③に代入して

$$x = \frac{1800 + 3240}{720} = \mathbf{7}$$

つまり、列の長さは**7**m。よって、**正解は選択肢3**。

仕事算

問題は本冊76〜77ページ

練習問題1 | 答 **2**

1日に行うA、B、C各人の仕事量の割合がA：B：C＝3：3：2であるから、各人の1日の仕事量をAが$3x$、Bが$3x$、Cが$2x$とおく。xは定数。

3人が休まず30日働くと、全体の仕事量1が終わる。
これを式で表わすと、
$$\underline{(3x + 3x + 2x)} \times \underline{30日 = 1}$$
各人の1日あたりの仕事量　　全体の仕事量

計算してxを求める。
$8x \times 30 = 1$　　$240x = 1$　　$x = \dfrac{1}{240}$　とわかるので、

A、B、C各人の1日の仕事量はそれぞれ $\dfrac{3}{240}$、$\dfrac{3}{240}$、$\dfrac{2}{240}$ となる。

求める日数をy日とし、各人の休みを考慮すると、
Aは$(y-5)$日、Bは$(y-3)$日、Cは$(y-4)$日作業して、
全体の仕事を終わらせることになる。したがって、次の式がたてられる。

Aの1日の仕事量
$$\overset{\downarrow}{\dfrac{3}{240}} \times (y-5) + \dfrac{3}{240} \times (y-3) + \dfrac{2}{240} \times (y-4) = 1 \quad\longleftarrow\ 全体の仕事量$$

Bの1日の仕事量　　Cの1日の仕事量

$$\dfrac{3}{240}y - \dfrac{15}{240} + \dfrac{3}{240}y - \dfrac{9}{240} + \dfrac{2}{240}y - \dfrac{8}{240} = \dfrac{240}{240}$$

計算すると$y = \textbf{34}$
この作業に要するのは**34**日となる。 よって、**正解は選択肢2。**

練習問題2 | 答 **3**

この仕事を2人で行ったときにかかる日数をx日とする。
Aだけで行うと、かかる日数は$(x+12)$日、
Bだけで行うと、かかる日数は$(x+27)$日となる。

つまり、Aの1日あたりの仕事量は $\dfrac{1}{x+12}$

Bの1日あたりの仕事量は $\dfrac{1}{x+27}$

AとBが協力して x 日行うとこの仕事は終了するので、

$$\dfrac{1}{x+12} \times x + \dfrac{1}{x+27} \times x = 1$$

両辺に $(x+12) \times (x+27)$ を掛けて分母を消去する

$$(x+27) \times x + (x+12) \times x = (x+12)(x+27)$$
$$x^2 + 27x + x^2 + 12x = x^2 + 27x + 12x + 324$$
$$2x^2 + 39x = x^2 + 39x + 324$$
$$x^2 = 324 \qquad x = \mathbf{18}$$

2人で行ったときにかかる日数は **18**日。
求めるのは、Aだけで行ったときにかかる日数なので、
$x + 12 = 18 + 12 = \mathbf{30}$
つまり、**30**日かかる。よって、**正解は選択肢3**。

練習問題 3 │ 答 **1**

作業全体の仕事量を1、AとB共同で行う場合の作業日数を x 日とおく。
Aだけだと $(x+4)$ 日、Bだけだと $(x+9)$ 日となる。

よって、Aの1日あたりの仕事量は $\dfrac{1}{x+4}$ 、

Bの1日あたりの仕事量は $\dfrac{1}{x+9}$ となる。

AとBの2人だと x 日かかるので、次の式が成り立つ。

$$\left(\dfrac{1}{x+4} + \dfrac{1}{x+9} \right) \times x = 1$$

$$\left(\dfrac{1}{x+4} \times \dfrac{x+9}{x+9} + \dfrac{1}{x+9} \times \dfrac{x+4}{x+4} \right) \times x = 1$$
$$\left(\dfrac{x+9}{(x+4)(x+9)} + \dfrac{x+4}{(x+9)(x+4)} \right) \times x = 1$$

よって、$\dfrac{x+9+x+4}{x^2+13x+36} \times x = 1$

$$2x^2 + 13x = x^2 + 13x + 36 \qquad x^2 = \mathbf{36}$$
$x > 0$ ゆえ、$x = \mathbf{6}$

以上より、Aだけで行うと $x+4$ ゆえ、$6+4 = \mathbf{10}$ となる。
よって、**正解は選択肢1**。

練習問題 1 | 答 **3**

・もともと貯水池にあった水の量　…1
・1分間に湧き出す水の量　…x
・ポンプ1台が1分間に汲み出す水の量　…y
として、式をたてる。

(1)ポンプ3台を用いた場合、30分ですべて汲み出す。

$1 + x \times 30$分$= y \times 3$台$\times 30$分　…①　⟶　$1 + 30x = 90y$

(2)ポンプ4台を用いた場合、20分ですべて汲み出す。

$1 + x \times 20$分$= y \times 4$台$\times 20$分　…②　⟶　$1 + 20x = 80y$

①、②を連立してx、yを求める。
①−②より、

$$
\begin{array}{r}
1 + 30x = 90y \\
-)\ 1 + 20x = 80y \\
\hline
10x = 10y \\
x = y
\end{array}
$$

$1 + 30x = 90x$	$60x = 1$
$1 + 30y = 90y$	$60y = 1$

これを①に代入すると、$x = \dfrac{1}{60}$、$y = \dfrac{1}{60}$

次に、「この作業を10分で終えるためにポンプがn台必要」として式をたてる。
$1 + x \times 10$分$= y \times n$台$\times 10$分

これに$x = \dfrac{1}{60}$、$y = \dfrac{1}{60}$を代入してnを求める。

$1 + \dfrac{1}{60} \times 10 = \dfrac{1}{60} \times n \times 10$　　$n = \mathbf{7}$

7台のポンプが必要であることがわかる。よって、**正解は選択肢3**。

練習問題 2 | 答 **2**

・あらたに行列に加わる人数　…毎分20人
・もともと行列していた人数　…y人
・窓口1つの処理能力　…毎分z人
とおいて、「窓口が1つのとき1時間で行列がなくなる」ことを式にすると、
20(人/分)$\times 60$分$+ y$人$= z$(人/分)$\times 60$分$\times 1$か所

次に、「窓口を5つにすると6分で行列がなくなる」ことを式にすると
20(人/分)×6分＋y人＝z(人/分)×6分×5か所

この2式を連立させてyを求める。

20×60＋y＝z×60×1
1200＋y＝60z　…①

20×6＋y＝z×6×5
120＋y＝30z　…②

zを消去するため②×2－①をする。

②×2　　　240＋2y＝60z
①　　－) 1200＋ y＝60z
　　　　　－960＋ y＝0

y＝**960**　　　よって、切符を売り始めたときに並んでいた人数は**960**人。
よって、**正解は選択肢2。**

練習問題3 ｜ 答 **5**

・受付開始までに行列を作って待っている人数　…x人
・あらたに到着して行列に並ぶ人数　…毎分y人
・受付窓口1つが1分間に処理する人数　…毎分z人
として、式をたてる。

(1)受付窓口を1つ設けると、行列は60分でなくなる。
x＋y×60分＝z×1つ×60分　…①　　➡ $x+60y=60z$

(2)受付窓口を2つ設けると、行列は20分でなくなる。
x＋y×20分＝z×2つ×20分　…②　　➡ $x+20y=40z$

①と②を連立させて、x、y、zを求める。
①－②より、
　　$x+60y=60z$
－) $x+20y=40z$
　　　　$40y=20z$　∴$2y=z$　…③

③を①に代入すると、$x+60y=120y$　　　$x=60y$　…④
次に、受付窓口を3つ設けると、t分で行列がなくなるとして式をたてる。
x＋y×t分＝z×3つ×t分　…⑤
⑤に③④を代入する。$60y+y×t=2y×3×t$
両辺をyで割る。
$60+t=6t$　　　t＝**12**
行列は**12**分でなくなる。　よって、**正解は選択肢5。**

18 三角形の面積

問題は本冊88～89ページ

練習問題 1 | **答 3**

BDとACの交点をFとすると、求める斜線部の面積は、直角三角形△FBCの面積である。

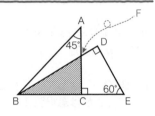

三角形の面積は、底辺×高さ×$\dfrac{1}{2}$で

求められるので、底辺BCと高さCFの長さがわかればよい。

(1)底辺BCについて

△ABCは∠A＝45°、∠C＝90°から、
∠B＝45°となり、直角二等辺三角形。
3辺の長さの比は、AC：BC：AB＝**1：1：$\sqrt{2}$**
AB＝12cmから、BCは次のように求められる。

BC：AB＝1：$\sqrt{2}$なので、BC：12＝1：$\sqrt{2}$
∴BC×$\sqrt{2}$＝12×1

$$BC = \frac{12}{\sqrt{2}}$$

分母を有理化すると、BC＝$\dfrac{12}{\sqrt{2}}×\dfrac{\sqrt{2}}{\sqrt{2}}＝\dfrac{12\sqrt{2}}{2}＝\mathbf{6\sqrt{2}}$

(2)高さCFについて

△DBEに着目すると、∠D＝90°、∠E＝60°から、∠B＝30°
次に△FBCに着目する。
∠B＝30°、∠C＝90°から∠F＝60°

30°・60°・90°の三角形なので3辺の長さの比は、
CF：FB：BC＝1：2：$\sqrt{3}$
(1)よりBC＝$6\sqrt{2}$なので、CF：$6\sqrt{2}$＝1：$\sqrt{3}$
∴CF×$\sqrt{3}$＝$6\sqrt{2}$×1

$$CF = \frac{6\sqrt{2}}{\sqrt{3}}$$

分母を有理化すると

$$CF = \frac{6\sqrt{2}}{\sqrt{3}} \times \frac{\sqrt{3}}{\sqrt{3}} = \frac{6\sqrt{2 \times 3}}{3} = 2\sqrt{6}$$

以上より、求める△FBCの面積は、

$$6\sqrt{2} \times 2\sqrt{6} \times \frac{1}{2} = 6\sqrt{12} \qquad \longleftarrow \quad BC \times CF \times \frac{1}{2}$$

選択肢に該当するものがなくても、あわてずに$\sqrt{12}$の変形を考える。
$$\sqrt{12} = \sqrt{4 \times 3} = \sqrt{4} \times \sqrt{3} = 2 \times \sqrt{3} = 2\sqrt{3}$$
$$\therefore 6\sqrt{12} = 6 \times 2\sqrt{3} = 12\sqrt{3}$$
以上より、△FBCの面積は**$12\sqrt{3}$ cm^2** となり、**正解は選択肢3**。

練習問題 2 ｜ 答 **1**

問題文の条件を図に書き込むと、右図のようになる。求めるべき辺ACの長さをxとしておく。
△DACは二等辺三角形なので、∠DAC = ∠DCA
△CBDは二等辺三角形なので、∠CDB = ∠CBD
△ABCは二等辺三角形なので、∠ABC = ∠ACB

∠BACの角度をβとして
まとめると、右図のようになる。

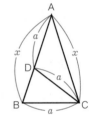

∠CDBは、△ADCの∠Dの外角なので、$\beta + \beta = 2\beta$
△CDBは二等辺三角形なので、∠CBDも2β
△ABCは二等辺三角形なので、∠ACB = 2β
よって、∠DCB = β がわかる。
以上から、△ABCと△CDBは**相似**とわかる。

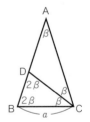

相似の三角形の各辺の長さの比は等しいので
$$a : x = (x - a) : a$$
$$a^2 = x(x - a)$$
$$a^2 = x^2 - ax$$
$$x^2 - ax - a^2 = 0$$

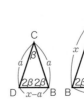

二次方程式の解の公式にあてはめて

$$x=\frac{-(-a)\pm\sqrt{a^2-4\times1\times(-a^2)}}{2\times1}=\frac{a\pm\sqrt{5a^2}}{2}=\frac{a\pm a\sqrt{5}}{2}=\frac{1\pm\sqrt{5}}{2}a$$

$x>0$ なので、$x=\dfrac{1+\sqrt{5}}{2}a$　　よって、**正解は選択肢1。**

二次方程式の解の公式
$$ax^2+bx+c=0\,(a\neq0)\rightarrow x=\frac{-b\pm\sqrt{b^2-4ac}}{2a}$$

練習問題 3 ｜ 答 **4**

ACの長さを x、DCの長さを y とおく。
ADが∠Aの二等分線なので、
AB：AC＝BD：DCが成り立つ。
数値を代入すると
$2:x=1:y$

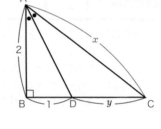

$x=\mathbf{2y}$

三平方の定理より、$AB^2+BC^2=AC^2$ なので、数値を代入して式をたてる。

$$2^2+(1+y)^2=(2y)^2$$
$$4+1+2y+y^2=4y^2$$
$$3y^2-2y-5=0$$
因数分解すると
$$(3y-5)(y+1)=0$$

$\therefore y=\dfrac{5}{3}$, -1　　←── $3y-5=0,\ y+1=0$

$y>0$ なので、$y=\dfrac{5}{3}$

直角三角形の面積を求める。

$$\underset{底辺}{\underline{(1+y)}}\times\underset{高さ}{\underline{2}}\times\frac{1}{2}=\left(1+\frac{5}{3}\right)\times2\times\frac{1}{2}=\frac{8}{3}$$

よって、**正解は選択肢4。**

19 円と三角形の面積 <small>問題は本冊92〜93ページ</small>

練習問題1 | 答 **1**

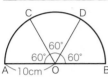

半径〇の円弧を3等分する点C、点Dと、〇を結ぶと、
中心角も3等分となり、
∠AOC＝∠COD＝∠DOB＝**60°**となる。

左図の の部分の面積は

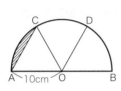

$$\diagup = \text{中心角60°の} - \text{1辺10cmの}$$
中心角60°の　　　 1辺10cmの
おうぎ形　　　　　正三角形

で求めることができる。

①中心角60°のおうぎ形の面積

$$10 \times 10 \times \pi \times \frac{60}{360} = \frac{50}{3}\pi$$

②1辺10cmの正三角形の面積

$$10 \times 5\sqrt{3} \times \frac{1}{2} = 25\sqrt{3}$$

> **30°・60°・90°の
> 直角三角形の3辺の比**
> $2 : 1 : \sqrt{3}$
>
> この場合、$10 : 5 : 5\sqrt{3}$

③ $\diagup = \dfrac{50}{3}\pi - 25\sqrt{3}$

④ $\diagup$ が全部で6つあるので、

$$\left(\frac{50}{3}\pi - 25\sqrt{3}\right) \times 6 = \mathbf{100\pi - 150\sqrt{3}} \,(\text{cm}^2)$$

よって、**正解は選択肢1**。

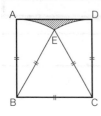

半径を引いてみる。
中心Bの円を考えると、
BA、BEがいずれも半径となり、BA＝BE
中心Cの円を考えると、
CE、CDがいずれも半径となり、CE＝CD
ABCDは正方形なので、AB＝BC＝CD
このことから、AB＝BE＝BC＝CE＝CDとわかる。

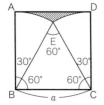

よって、△EBCは正三角形で
∠EBC＝∠ECB＝**60°**
∠ABC＝90°から、∠ABE＝90°－60°＝**30°**とわかる。

以上を前提に ～～～ の面積を求める。

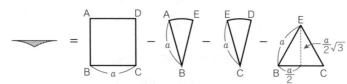

・正方形 ABCD ＝ $a \times a = a^2$

・中心角30°のおうぎ形

$\bigtriangledown$ BAE ＝ $a \times a \times \pi \times \dfrac{30}{360} = \dfrac{1}{12}a^2\pi$ ◀── 円の面積 × $\dfrac{\text{中心角}}{360°}$

$\bigtriangledown$ CED ＝ $a \times a \times \pi \times \dfrac{30}{360} = \dfrac{1}{12}a^2\pi$

・正三角形 EBC ＝ $a \times \dfrac{a}{2}\sqrt{3} \times \dfrac{1}{2} = \dfrac{\sqrt{3}}{4}a^2$ ◀── 底辺 × 高さ × $\dfrac{1}{2}$

求める面積は ～～～ 4つ分なので、

$$(a^2 - \dfrac{1}{12}a^2\pi - \dfrac{1}{12}a^2\pi - \dfrac{\sqrt{3}}{4}a^2) \times 4$$

$$= 4a^2 - \dfrac{4}{12}a^2\pi - \dfrac{4}{12}a^2\pi - \sqrt{3}\,a^2 = (4 - \dfrac{1}{3}\pi - \dfrac{1}{3}\pi - \sqrt{3})a^2$$

$$= (4 - \dfrac{2}{3}\pi - \sqrt{3})a^2 = \mathbf{(4 - \sqrt{3} - \dfrac{2\pi}{3})a^2}$$

よって、**正解は選択肢 4。**

練習問題 3 | 答 1

斜線部は、正三角形から円を引いて求められる。

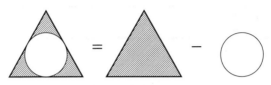

正三角形ABCの高さ AD を求める。
△ADCは30°・60°・90°の直角三角形なので、

AC：AD＝2：$\sqrt{3}$ となり、$2a$：AD＝2：$\sqrt{3}$

> 30°・60°・90°の
> 直角三角形の3辺の比
> 2：1：$\sqrt{3}$

$$AD = \frac{2\sqrt{3}}{2}a = a\sqrt{3} \quad \cdots ①$$

よって、正三角形ABCの面積は、$2a \times a\sqrt{3} \times \dfrac{1}{2} = a^2\sqrt{3}$

円の中心（内心）は正三角形の重心と一致するので、
AO：OD＝2：1である。
よって、円の半径ODは、ADを3等分した長さである。

①より、AD＝$a\sqrt{3}$ であるから、半径は、$a\sqrt{3} \times \dfrac{1}{3} = \dfrac{\sqrt{3}}{3}a$

よって、円の面積は、$\dfrac{\sqrt{3}}{3}a \times \dfrac{\sqrt{3}}{3}a \times \pi = \dfrac{a^2}{3}\pi$ ◀─── 半径×半径×円周率

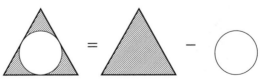

$$a^2\sqrt{3} - \frac{a^2}{3}\pi = (\sqrt{3} - \frac{1}{3}\pi)a^2$$

よって、**正解は選択肢1**。

練習問題 1 ┃ 答 5

△AEFに着目し、下図のようにみる。

　　△EADと△EDFは面積が同じという条件があり、高さが同じゆえ底辺ADと底辺DFも同じ長さである。
よって、AD：DF = **1：1** となる。

△AFGに着目し、下図のようにみる。

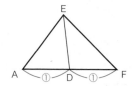

　　△FGEと△FEAの面積比は**1：2**。
両三角形の高さは同じなので、
底辺GE、EAの比は、GE：EA = **1：2** となる。

△ABCに着目し、下図のようにみる。

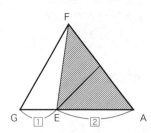

　　△BCGと△BGAの面積比は**1：4**。
両三角形の高さは同じなので、
底辺CG、GAの比は、CG：GA = **1：4** となる。

△BAGに着目し、下図のようにみる。

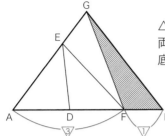

△GAFと△GFBの面積比は**3：1**。
両三角形の高さは同じなので、
底辺AF、FBの比は、AF：FB＝**3：1**となる。

以上をまとめると下図のとおり。

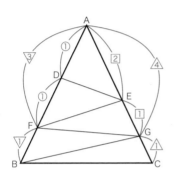

AB＝AC＝1とおく。
AFはABを3：1に分けて3つ分ゆえ、

$AF＝1×\dfrac{3}{4}＝\dfrac{3}{4}$ ◀── 全体が4のうちの3つ分

AFを1：1に分けるのだから、

ADはAFの$\dfrac{1}{2}$。

$AD＝\dfrac{3}{4}×\dfrac{1}{2}＝\dfrac{3}{8}$

AGは、ACを4：1に分けて4つ分ゆえ、

$AG＝1×\dfrac{4}{5}＝\dfrac{4}{5}$ ◀── 全体が5のうちの4つ分

AEは、AGを2：1に分けて2つ分（$\dfrac{2}{3}$）ゆえ、 ◀── 全体が3のうちの2つ分

$AE＝\dfrac{4}{5}×\dfrac{2}{3}＝\dfrac{8}{15}$

よって、$AD：AE＝\dfrac{3}{8}：\dfrac{8}{15}$

整数比に直すと、

$AD：AE＝\dfrac{3}{8}×8×15：\dfrac{8}{15}×8×15$

$＝\mathbf{45：64}$

以上より、AD：AE＝**45：64**。
よって、**正解は選択肢5**。

45

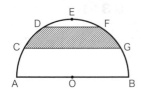 半円の面積から上の の部分と

下側の 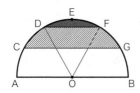 の部分の面積を引いて求める。

(1)半円の面積

$$1 \times 1 \times \pi \times \frac{1}{2} = \frac{\pi}{2}$$

(2) の部分

D、FとOを結ぶ。
C～Gは円弧を6等分する点なので、
∠DOF = **60°** となる。

扇形のODFの面積 $= 1 \times 1 \times \pi \times \frac{60}{360} = \frac{\pi}{6}$

そこから△DFOの面積を引く。

OD = OFゆえ二等辺三角形。
よって、∠ODF = ∠OFD = **60°**
ゆえに△ODFは**正三角形。**

> **30°・60°・90°三角形の 3辺の比**
> $2 : 1 : \sqrt{3}$
>
> この場合、$1 : \frac{1}{2} : \frac{1}{2}\sqrt{3}$

底辺をDF(= 1m)とすると、高さは $\frac{1}{2}\sqrt{3}$

よって、△ODFの面積 $= 1 \times \frac{1}{2}\sqrt{3} \times \frac{1}{2} = \frac{\sqrt{3}}{4}$ ← 三角形の面積=底辺×高さ× $\frac{1}{2}$

$\therefore$ ⌒ $= \frac{\pi}{6} - \frac{\sqrt{3}}{4}$

(3)  の部分

①おうぎ形OAC＋おうぎ形OGB

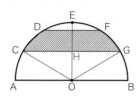

→おうぎ形の面積＝円の面積（半径×半径×円周率）× $\dfrac{中心角}{360°}$

$$\underbrace{1 \times 1 \times \pi \times \frac{30}{360}}_{OAC} + \underbrace{1 \times 1 \times \pi \times \frac{30}{360}}_{OGB} = \frac{1}{6}\pi$$

② △CHOは、∠COH＝60°、∠CHO＝90°ゆえ

（30°・60°・90°の直角三角形ゆえ、辺の比はCO：OH：HC＝2：1：$\sqrt{3}$）

$$\therefore CO = 1 \text{ゆえ} OH = \frac{1}{2}、HC = \frac{1}{2}\sqrt{3}$$

$$\therefore \triangle CHO \text{の面積} = \frac{1}{2} \times \frac{1}{2}\sqrt{3} \times \frac{1}{2} = \frac{\sqrt{3}}{8}$$

③ △OGHも②と同様 $\dfrac{\sqrt{3}}{8}$

以上より、①＋②＋③＝ $\dfrac{1}{6}\pi + \dfrac{\sqrt{3}}{8} + \dfrac{\sqrt{3}}{8} = \dfrac{\pi}{6} + \dfrac{\sqrt{3}}{4}$

以上より、斜線部CDFGは、**(1)－(2)－(3)**

$$\frac{\pi}{2} - \left(\frac{\pi}{6} - \frac{\sqrt{3}}{4}\right) - \left(\frac{\pi}{6} + \frac{\sqrt{3}}{4}\right)$$

$$= \frac{\pi}{2} - \frac{\pi}{6} + \frac{\sqrt{3}}{4} - \frac{\pi}{6} - \frac{\sqrt{3}}{4}$$

$$= \frac{\pi}{2} - \frac{2\pi}{6}$$

$$= \frac{3\pi}{6} - \frac{2\pi}{6}$$

$$= \frac{\pi}{6}$$

以上より、$\dfrac{\pi}{6}$m²。

よって、**正解は選択肢5。**

立体の切断面の面積

問題は本冊101ページ

練習問題 1 | **答 4**

立方体を、A、B、Cを通る平面で切断したときの断面図を考える。

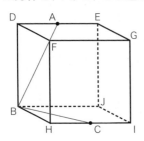

①AとBを直線で結ぶ
②BとCを直線で結ぶ
四角形FGIHに現れる切り口は、
この面と平行な面(四角形DEJB)の
切り口ABと平行で、かつCを通る。

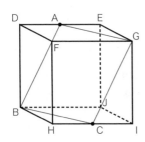

四角形DEGFに現れる切り口も同様に、
この面と平行な面(四角形BJIH)の
切り口BCと平行で、かつAを通る。

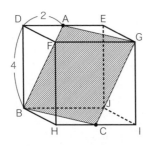

以上より、断面は四角形ABCGである。
△ADBに着目すると、直角三角形なので、
$$AD^2 + DB^2 = AB^2$$
AD = 2cm、DB = 4cmなので、
$$2^2 + 4^2 = AB^2$$
$$AB^2 = 4 + 16 = 20$$
$$\therefore AB = \sqrt{20} = \sqrt{4 \times 5} = \mathbf{2\sqrt{5}}$$

四角形ABCGのほかの辺AG、GC、CBの各長さも同様に計算すると
$2\sqrt{5}$ となる。したがって、四角形ABCGはひし形とわかる。
ひし形の面積は次の公式で求められる。

ひし形の面積＝対角線×対角線×$\dfrac{1}{2}$

そこで、AC、BGを求める。

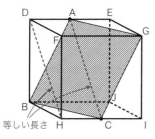

AC は立方体の側面、つまり四角形DBHFの対角線DHに等しい。

△DFHは直角二等辺三角形なので、
$DF : DH = 1 : \sqrt{2}$
$DF = 4\,cm$ なので、
$4 : DH = 1 : \sqrt{2}$

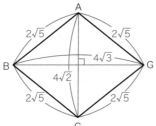

よって、$DH = \mathbf{4\sqrt{2}}$
したがって、$AC = \mathbf{4\sqrt{2}}$
BGは、立方体の対角線なので、
$BG = 4 \times \sqrt{3} = \mathbf{4\sqrt{3}}$

立方体の対角線
＝立方体の辺の長さ×$\sqrt{3}$

よって、断面ABCGの面積はひし形の面積の公式により

$AC \times BG \times \dfrac{1}{2} = 4\sqrt{2} \times 4\sqrt{3} \times \dfrac{1}{2} = \mathbf{8\sqrt{6}}\,cm^2$

よって、**正解は選択肢4**。

立体の体積

問題は本冊104ページ

練習問題 1 | 答 **3**

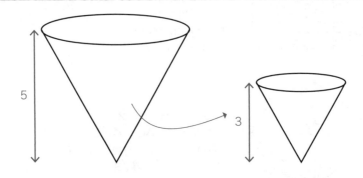

相似比が5 : 3ゆえ、体積比は **$5^3 : 3^3$** となる。

> 相似比$a : b$なら
> 体積比$a^3 : b^3$

この容器全体の体積をxとすると、

$x : 135 = 5^3 : 3^3$

$\qquad\quad = 125 : 27$

$\quad 27x = 135 \times 125$

$\therefore x = \dfrac{135 \times 125}{27} = \mathbf{625}$

よって、625 − 135 = **490**（cm³）を入れればいっぱいとなる。
よって、**正解は選択肢3。**

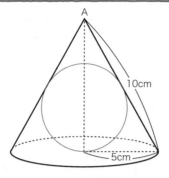

底面の円の中心を通るように頂点Aから切断した断面を作る。

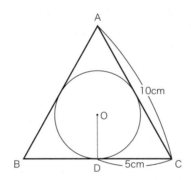

△ADCは、∠A＝30°、∠D＝90°、∠C＝60°の直角三角形ゆえ、
DC：AC：AD＝5：10：5√3
AD＝**5√3**となる。

30°・60°・90°の直角三角形の3辺の比　2：1：√3

正三角形の内心は重心と重なるので、OD＝$\dfrac{5\sqrt{3}}{3}$とわかる。

よって、球の半径は$\dfrac{5\sqrt{3}}{3}$

球の体積は以下のように求める。

$\dfrac{4}{3}\pi \times$**半径の3乗**

$\dfrac{4}{3}\pi \times (\dfrac{5\sqrt{3}}{3})^3 = \dfrac{4\pi}{3} \times \dfrac{125 \times 3 \times \sqrt{3}}{27} = \dfrac{500\sqrt{3}}{27}\pi$

よって、**正解は選択肢2**。

対応関係

問題は本冊112〜113ページ

練習問題1 | 答 **3**

各課を縦軸に、各曜日を横軸に表を作り、条件イ、ウ、オを書き込む。

	月	火	水	木
総務課		ゥ**A**／**D**ォ		×ィ
人事課	**A**ゥ	×ィ		**D**ォ
経理課			**A**ゥ	×ィ
営業課	×ィ	×ィ		**A**ゥ

条件ア「学生は、4つの課のすべてに1日単位で配属された」より、Dを見る。
Dは、火曜日・総務課、木曜日・人事課である。
残り、営業課は水曜日しか空いていないのでそこにDが入る。ということは、
経理課は月曜日。

	月	火	水	木
総務課		A／D		×
人事課	A	×		D
経理課	**D**ァ		A	×
営業課	×	×	**D**ァ	A

条件エ「Bは、経理課に配属された次の日に総務課に配属された」より、Bは経
理課→総務課の順に配属されている。
木曜日に総務課には誰もいないので、Bは
①「**月・経理→火・総務**」、
②「**火・経理→水・総務**」
の2通りが考えられる。

①の場合

	月	火	水	木
総務課		A／D／**B**		×
人事課	A	×		D
経理課	D／**B**		A	×
営業課	×	×	D	A

水曜日は各課に必ず1人は配属される日なので、水曜日はBが人事課、Cが総務課になる。となると、月曜日の総務課に誰も配属されなくなる。
かといって、Cを月曜日、水曜日に総務課に配属してしまうと、条件ア「学生は、4つの課のすべてに1日単位で配属された」が成り立たない。
よって、①は不適である。

②の場合

	月	火	水	木
総務課		A／D	**B**	×
人事課	A	×		D
経理課	D	**B**	A	×
営業課	×	×	D	A

①と同様に考えると、Cは水曜日の人事課、月曜日の総務課に配属できる。よって、以下の表が成り立つ。

	月	火	水	木
総務課	**C**	A／D	B	×
人事課	A／**B**	×	**C**	D
経理課	D	B／**C**	A	×
営業課	×	×	D	A／**B**／**C**

上の表をもとに選択肢を検証する。

1 Aは、1回だけBと同じ日に同じ課に配属された。
　……月曜日の人事課、木曜日の営業課でA、Bは被るので間違い。

2 Bは、2回だけDと同じ日に同じ課に配属された。
　……Bは一度もDと同じ配属にならないので間違い。

3 Cは、木曜日に営業課に配属された。
　……**正しい。**

4 Dは、水曜日に経理課に配属された。
　……Dの水曜日は営業課なので間違い。

5 A、B、Cの3人が同じ日に同じ課に配属されることはなかった。
　……木曜日の営業課が3人とも同じ課なので間違い。

A〜Eの5人の選択した科目とその曜日を把握する問題である。よって、縦軸にA〜E、横軸を曜日にした表を作る。

さらに、条件ア、ウから読み取れることを表に書き込む。

- アでは、水曜日の地理の選択者がA、Dで決まるので、B、C、Eの地理の欄に×をする。
- ウでは、Cの選択日は月、金で決まるので、Cの火、水、木の欄に×をする。

曜日 科目	月	火	水 地理	木	金	合計
A			○			2
B			×			2
C	○	×	×	×	○	2
D			○			2
E			×			2
合計	2	2	2	2	2	10

条件オから、Cは「音楽」を選択していること、さらに「生物」→「音楽」の順番がわかる。

月曜日を「音楽」にすると、「生物」→「音楽」にならないので、金曜日が「音楽」、木曜日が「生物」になる。

さらに条件イから、Bの受けた「化学」→「美術」の順番がわかる。表に当てはめると、月曜日が「化学」、火曜日が「美術」になる。

曜日 科目	月 化学	火 美術	水 地理	木 生物	金 音楽	合計
A			○			2
B	○	○	×			2
C	○	×	×	×	○	2
D			○			2
E			×			2
合計	2	2	2	2	2	10

「化学」は定員に達したのでA、D、Eに×をつける。

Bは2科目選択したので木、金に×をつける。

曜日 科目	月 化学	火 美術	水 地理	木 生物	金 音楽	合計
A	×		○			2
B	○	○	×	×	×	2
C	○	×	×	×	○	2
D	×		○			2
E	×		×			2
合計	2	2	2	2	2	10

条件エから、ＥとＢは同じ科目を選択している。左ページの表よりＥはＢと同じ美術を選択していることがわかる。

曜日 科目	月 化学	火 美術	水 地理	木 生物	金 音楽	合計
A	×	✕	○			2
B	○	○	×	×	×	2
C	○	×	×	×	○	2
D	×	✕	○			2
E	×	○	×			2
合計	2	2	2	2	2	10

条件エから、ＥとＤも同じ科目を選択している。「音楽」はすでにＣが選択しているので、ＥとＤが一緒に受けられるのは「生物」になる。

曜日 科目	月 化学	火 美術	水 地理	木 生物	金 音楽	合計
A	×	×	○			2
B	○	○	×	×	×	2
C	○	×	×	×	○	2
D	×	×	○	○		2
E	×	○	×	○		2
合計	2	2	2	2	2	10

その結果、「生物」が定員に達したので×をつける。
Ｄ、Ｅも２科目に達したので×をつける。よって、Ａの残りの科目は「音楽」になる。

曜日 科目	月 化学	火 美術	水 地理	木 生物	金 音楽	合計
A	×	×	○	✕	○	2
B	○	○	×	×	×	2
C	○	×	×	×	○	2
D	×	×	○	○	✕	2
E	×	○	×	○	✕	2
合計	2	2	2	2	2	10

上の表をもとに選択肢を検証する。

1　Aは、月曜日に化学の授業を受けている。
　　……Aは、「化学」を受けていないので間違い。
2　Bは、木曜日と金曜日に選択科目の授業を受けている。
　　……Bは、月曜日と火曜日に受けているので間違い。
3　Cは、美術と生物を選択している。
　　……Cは、「化学」と「音楽」を選択しているので間違い。
4　Dは、音楽と地理を選択している。
　　……Dは「地理」と「生物」を選択しているので間違い。
5　Eは、木曜日に生物の授業を受けている。……正しい。

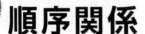

練習問題1 | 答 **4**

条件ア、イ、ウを整理すると、以下のようなブロックを作ることができる。

ア		3組	
先頭	A		C

イ			5組	
先頭		D		B

ウ		2組	4組
先頭			

これらア、イ、ウのブロックを組み合わせて走行順を考える。
(1)ブロックを「ア、イ、ウ」の順で組み合わせる

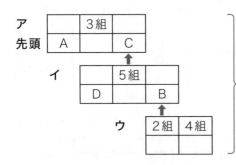

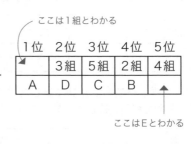

ここは1組とわかる

	1位	2位	3位	4位	5位
		3組	5組	2組	4組
	A	D	C	B	

ここはEとわかる

上記のほか、以下の3つの組み合わせも考えられる。
(2)「イ、ア、ウ」の順で組み合わせる

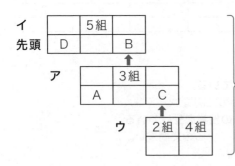

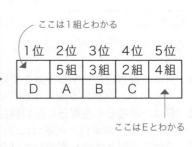

ここは1組とわかる

	1位	2位	3位	4位	5位
		5組	3組	2組	4組
	D	A	B	C	

ここはEとわかる

(3)「ウ、イ、ア」の順で組み合わせる

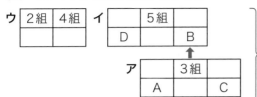

(4)「ウ、ア、イ」の順で組み合わせる

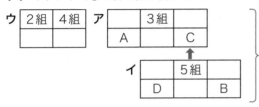

これら4つの中で、「AまたはEのいずれかは、1組の生徒である」の条件にあてはまるのは**(1)**のみ。したがって、**(1)**がすべての条件を満たす順位となる。よって、**正解は選択肢4**。

練習問題 2 | 答 1

各地点でのブロックを作る。大学生を「大」、社会人を「社」とする。

1000m地点

1	2	3	4	5	6
大	社	社	大	大	社
Cは3位以内			Dは4位以下		

Bは、1000m地点より
3つ順位を下げた

1000m地点		2000m地点
1位	→	4位
2位	→	5位
3位	→	6位

2000m地点

1	2	3	4	5	6
大	大	社	大	社	社

ゴール地点

2000m地点から順位を3つ上げた

ここは大学生とわかる

1	2	3	4	5	6
E					
大	社	社			社

これらのブロックの空欄を埋めていく。

まず、条件ウで「大学生であるEは2000m地点から順位を3つ上げて1位になった」とあることから、**Eは2000m地点では4位**だったとわかる。

2000m地点

1	2	3	4	5	6
			E		
大	大	社	大	社	社

4位が大学生のEと決まったので、ここは社会人と決まる。

次に条件エから、Aはどの地点でも**4位以下**。
2000m地点のブロックを見ると、4位以下の空欄は社会人しか残っていない。
したがって、**Aは社会人**。
ここで、ゴール地点のブロックを見ると、4位以下の社会人は6位しかいないので**Aは6位**とわかる。

ゴール地点

1	2	3	4	5	6
E					A
大	社	社	大	大	社

また条件イから、Bは1000m地点から順位を3つ下げているので、2000m地点で、Bは4位以下が確定する。
2000m地点の4位は大学生のEと確定しているので、Bは5位か6位。
よって、**Bは社会人**と決まる。

さらに条件オから、Fは順位を一度だけ上げ、その後に順位を下げることはなかった。
ここで、Fを大学生とすると、ゴール地点で4位か5位となり、2000m地点からは順位を下げることになり条件に反する。
そこで、**Fは大学生でなく社会人**とわかる。

以上より、社会人は**A・B・F**に、大学生は**C・D・E**にそれぞれ確定する。

次に、条件エに「Aは3位以上の順位になることはなかった」とある。このことから、1000m地点の4位以下に1人いる社会人はAである。
よって、社会人であるFは3位以上とわかる。
また、ゴール地点のブロックから、社会人Fはゴール地点では2位か3位とわかる。

Fの状況

1000 m地点…1 位か2 位か3 位
ゴール地点…2 位か3 位

条件オによると、Fは一度順位を上げたあとは、順位を下げることはなかった。Fの順位は
①3 位→2 位→2 位か、
②3 位→3 位→2 位のいずれかになる。

ここで、②3 位→3 位→2 位の場合は、条件エの「大学生が3 位となったのは一度だけである」の条件に反する。
なぜなら、Fが1000 m地点、2000 m地点で3 位となると、大学生は一度も3 位になれない。
したがって、Fの順位は①**3 位→2 位→2 位**と決まる。
ここで、社会人Bの順位は1000 m地点で**2 位**、ゴール地点で**3 位**に決まる。
また、1000 m地点の6 位は**A**。

1000m 地点

1	2	3	4	5	6
	B	F			
大	社	社	大	大	社A

2000m 地点

1	2	3	4	5	6
	F		E		
大	社	大	大	社	社

ゴール 地点

1	2	3	4	5	6
E	F	B			A
大	社	社	大	大	社

次に、条件をもう一度確認して、ブロックの空欄を埋める。

1000m 地点

1	2	3	4	5	6
C	B	F			
大	社	社	大	大	社A

まず条件アから、Cは1000 m地点で3 位以上。1000 m地点のブロックを見ると、3 位以上は1 位しか空いていない。よってCは1000 m地点で**1 位**となる。
また、条件イの「1000 m地点からBは順位を3 つ下げた」ことから、Bは2000 m地点では**5 位**だとわかる。
したがって、2000 m地点での残りの社会人（6 位）は**A**となる。
わかるのはここまで。

2000m 地点

1	2	3	4	5	6
	F		E	**B**	**A**
大	社	大	大	社	社

ゴール 地点

1	2	3	4	5	6
E	F	B			A
大	社	社	大	大	社

よって、**正解は選択肢1**。

問題文に沿った表を作る。

	1位	2位	3位	4位
自				
背				
平				
バ				

条件ウ「Aは、自由形で背泳より順位が2つ上だった」ことから、次の2通りが考えられる。

	1	2	3	4
自	A			
背			A	
平				
バ				

	1	2	3	4
自		A		
背				A
平				
バ				

条件エ～カについても同じようにいくつかの場合が考えられる。

条件エ「Bは、バタフライで背泳より順位が2つ上だった」
・バタフライ　1位　　　背泳　3位
・バタフライ　2位　　　背泳　4位

条件オ「Cは、自由形で平泳ぎより順位が2つ上だった」
・自由形　1位　　　平泳ぎ　3位
・自由形　2位　　　平泳ぎ　4位

条件カ「Dは、バタフライで平泳ぎより順位が1つ上だった」
・バタフライ　1位　　　平泳ぎ　2位
・バタフライ　2位　　　平泳ぎ　3位
・バタフライ　3位　　　平泳ぎ　4位

Aについて、2通りに分けて検討する。

(1)Aが自由形1位、背泳3位の場合

ここにB、C、Dを組み合わせる。

Bは・バタフライ　1位　背泳　　3位　×　…背泳3位はAのため不可
　　・バタフライ　2位　背泳　　4位　○　…よって、こちらに決まる
Cは・自由形　　　1位　平泳ぎ　3位　×　…自由形1位はAのため不可
　　・自由形　　　2位　平泳ぎ　4位　○　…よって、こちらに決まる

わかったことは順次表に入れていく。

	1	2	3	4
自	A	**C**		
背			A	**B**
平				**C**
バ		**B**		

Dは ・バタフライ　1位　　平泳ぎ　2位　○
　　　・バタフライ　2位　　平泳ぎ　3位　×　…成り立たない
　　　・バタフライ　3位　　平泳ぎ　4位　×　…成り立たない

	1	2	3	4
自	A	C		
背			A	B
平		**D**		C
バ	**D**	B		

残りの条件ア、イを検討する。
条件ア「4人ともいずれかの種目で1位だった」
→背泳、平泳ぎの1位は、B、Cだったことがわかる。
条件イ「AがDより上位だったのは2種目だった」
→自由形はAが1位なので、Dより上位である。背泳、バタフライは、表の通
　りDがAより上位なので、条件を満たすには、Aが平泳ぎで1位でなければ
　ならない。しかし、これは条件アと両立しない。

以上から、Aが自由形1位、背泳3位の場合は**成り立たない**

(2)そこで、Aが自由形2位、背泳4位の場合を検討する
Bは ・バタフライ　1位　　背泳　　3位　○
　　　・バタフライ　2位　　背泳　　4位　×　…成り立たない
Cは ・自由形　　　1位　　平泳ぎ　3位　○
　　　・自由形　　　2位　　平泳ぎ　4位　×　…成り立たない

	1	2	3	4
自	**C**	A		
背			**B**	A
平			**C**	
バ	**B**			

Dは　・バタフライ　1位　　　平泳ぎ　2位　×　…成り立たない
　　　・バタフライ　2位　　　平泳ぎ　3位　×　…成り立たない
　　　・バタフライ　3位　　　平泳ぎ　4位　○

	1	2	3	4
自	C	A		
背			B	A
平			C	**D**
バ	B		**D**	

残りの条件ア、イを検討する。
条件ア「4人ともいずれかの種目で1位だった」
→背泳、平泳ぎの1位はA、Dであることがわかる。
→背泳では、Aは4位なので、1位はD。
→Aは平泳ぎで1位。

	1	2	3	4
自	C	A		
背	**D**		B	A
平	**A**		C	D
バ	B		D	

埋められる空欄を埋める。

	1	2	3	4
自	C	A		
背	D	**C**	B	A
平	A	**B**	C	D
バ	B		D	

条件イ「AがDより上位だったのは2種目だった」
表より、1種目は平泳ぎである。
もう1種目は自由形である。バタフライも、AがDより上位とすることも可能
だが、そうするとAがDより上位だった種目が3種目になってしまう。したがっ
て、バタフライでは、**Aが4位**であることがわかる。
自由形については、**Aの2位**が決まっているため、Dは3位でも4位でも条件
を満たす。

	1	2	3	4
自	C	A	**D(B)**	**B(D)**
背	D	C	B	A
平	A	B	C	D
バ	B	**C**	D	**A**

これ以上確定する条件がないので、選択肢を検討する。
正解は選択肢3とわかる。

試合の勝敗

問題は本冊123ページ

練習問題1 | 答 **4**

Aが優勝するには、Bがすでに3勝しているので、Aは残りの3試合に全部勝ち、かつ、Bは残りの2試合に負けなければならない。これを表に書き込む。

表1

	A	B	C	D	E	F	
A		○	×	○	×	○	3勝2敗
B	×		○	○	×	○	3勝2敗
C	○	×				×	
D	×	×			○		
E	○	○		×			
F	×	×	○				

次に、A、Bに次いで勝ち数の多いEの成績に着目する。

もし、Eも3勝2敗だったとすると、EはAと直接対戦して順位を決めることになる。しかし、EはAに勝っているので、これではAが1位になれないことから、Eは**2勝3敗**と決まる。

表2

	A	B	C	D	E	F	
A		○	×	○	×	○	3勝2敗
B	×		○	○	×	○	3勝2敗
C	○	×			○	×	
D	×	×			○		
E	○	○	×	×		×	**2勝3敗**
F	×	×	○		○		

同様に、もしCも3勝2敗だったとすると、CもAに勝っているので、Aは1位になれない。よって、Cも**2勝3敗**と決まる。

表3

	A	B	C	D	E	F	
A		○	×	○	×	○	3勝2敗
B	×		○	○	×	○	3勝2敗
C	○	×		×	○	×	**2勝3敗**
D	×	×	○		○		
E	○	○	×	×		×	2勝3敗
F	×	×	○		○		

次に、残っているDとFの成績を検討する。

D－Fの対戦で、勝ったほうが3勝2敗、負けたほうが2勝3敗となる。D、Fともにには負けているので、3勝2敗となったところでAの優勝は変わらない。

(1)Dが3勝2敗、Fが2勝3敗の場合

この場合、A、B、Dが同じ3勝2敗なので、直接対決の状況を見る。

BとDに直接勝っているAが1位、Dに直接勝っているBが2位、そしてDが3位となる。

C、E、Fはともに2勝3敗なので、直接対決の状況を確認する。FはCとEに勝っているので4位。CはEに勝っており5位。CとFに負けた**Eは6位**。

表4

	A	B	C	D	E	F		
A		○	×	○	×	○	3勝2敗	1位
B	×		○	○	×	○	3勝2敗	2位
C	○	×		×	○	×	2勝3敗	5位
D	×	×	○		○	**○**	**3勝2敗**	3位
E	○	○	×	×		×	2勝3敗	6位
F	×	×	○	**×←**	○		**2勝3敗**	4位

(2)Dが2勝3敗、Fが3勝2敗の場合

この場合、A、B、Fが同じ3勝2敗。いずれも直接対決の状況から、1位A、2位B、3位Fとなる。

C、D、Eは2勝3敗。DはCとEに勝っているので4位。CはEに勝っているので5位。CとDに負けた**Eは6位**。

表5

	A	B	C	D	E	F		
A		○	×	○	×	○	3勝2敗	1位
B	×		○	○	×	○	3勝2敗	2位
C	○	×		×	○	×	2勝3敗	5位
D	×	×	○		○	**×**	**2勝3敗**	4位
E	○	○	×	×		×	2勝3敗	6位
F	×	×	○	**○←**	○		**3勝2敗**	3位

以上から選択肢を検討すると、確実にいえるのは選択肢**4**とわかる。

よって、**正解は選択肢4**。

練習問題 2 ｜ 答 4

問題文に示されている対戦表に条件を書き込む。説明のために①～⑥とする。

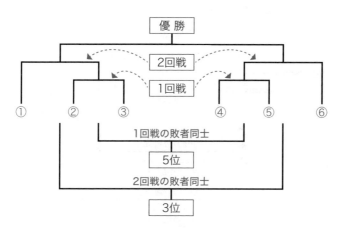

条件ア「準優勝のチームは1回だけ試合に勝った」
準優勝のチームは優勝したチームに決勝戦で負けるまでは勝ち続けているはず
で、試合に勝ったのが1回だけということだと、①か⑥しかない。
①と⑥はどちらも状況が同じなので、ここでは①としておく。

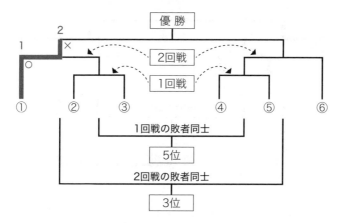

下図のように①を準優勝とすると、①は最初の対戦で②と③の勝者と戦い、勝っていることになる。
②と③はどちらも状況は同じなので、ここではこの対戦は②が勝ったこととしておく。すると、下図になる。

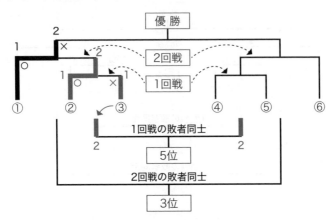

条件イ「3位のチームは、1回だけ試合に勝った」
3位決定戦は2回戦の敗者同士で行われる。上図では②が2回戦で負けているので、3位決定戦に出場する。
②は1回戦ですでに1度勝っているため、条件イから、3位ではないことがわかる。よって、②は3位決定戦では負けている。

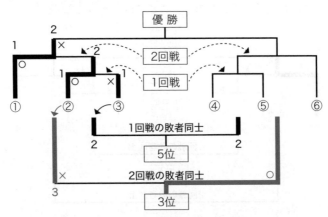

したがって、④⑤⑥のほうから、3位決定戦に出る者が3位決定戦で勝ち、3位となる。
条件イから、3位のチームは試合に勝つのは1回だけなので、この3位決定戦が初勝利でなければならない。これは、**⑥が2回戦で負けた場合**しか考えられない。

一方、この⑥と２回戦で戦ったのは④と⑤の勝者である。どちらでも状況は同じなので、仮に④としておく。④は２回戦で⑥に勝ち、決勝戦に進み①と戦う。①が決定戦で負けていることは上述の通りなので、決勝戦で④が勝ち、**④が優勝**する。

ここまでを対戦表に書き込む。

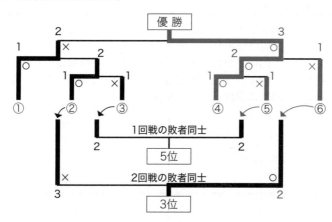

条件ウ「ＡとＥの対戦は、どちらにとっても２回目の試合だった」
上図で、２回目の試合のチーム同士が対戦するのは③と⑤だけなので、Ａ、Ｅは③と⑤であることがわかる。
③と⑤のどちらがＡで、どちらがＥかはまだ不明。

条件エ「ＢとＣは対戦しなかった」
③と⑤は、ＡまたはＥと決まっているので、①②④⑥を見る。
対戦していないのは、①と⑥、②と④のいずれかである。

条件オ「Ｆは、３回目の試合には負けた」
３回目の試合に負けたチームは、図から②だとわかる。よって、Ｆは②とわかる。
条件エで見た通り、対戦していないのは①と⑥、②と④である。
そのうち②がＦとわかったので、対戦していない**ＢとＣは①と⑥**であるとわかる。

ここまでをまとめると
①と⑥は**ＢとＣ**。②は**Ｆ**。③と⑤は**ＡとＥ**。
以上から、残っている④は**Ｄ**とわかる。

したがって、優勝者④は**Ｄ**。
よって、**正解は選択肢4。**

26 集合

問題は本冊128〜129ページ

練習問題1 ｜ 答 **1**

各要素の関係は、①サウナを利用したか、②プールを利用したか、③男性か女性かなので、この3点からキャロル表を作成する。

①左右の区分　　左側にサウナを利用した者、右側に利用しなかった者
②上下の区分　　上側にプールを利用した者、下側に利用しなかった者
③内外の区分　　内側に男性、外側に女性

	サウナ○	サウナ×
女性		
男性		
プール○		
プール×		

キャロル表の枠ができたら、条件から読み取れることを書き込んでいく。
まず、条件A、Dから以下のようになる。

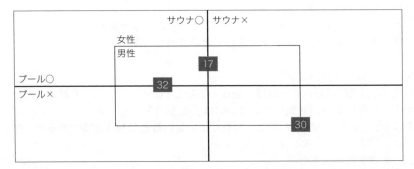

次に、条件Bからサウナだけを利用した女性会員の人数をx（人）、プールだけを利用した女性会員の人数をy（人）とおくと、$x+y=23$となる。
また、条件Cからサウナを利用してプールも利用した男性会員をaとすると、プールだけを利用した男性会員の人数は$a+3$となる。
さらに、問題文からサウナを利用してプールも利用した女性会員の人数をzとする。

これらを反映させると次の図となる。

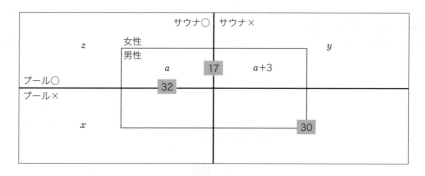

ここで、条件をもとに a、x、y、z の値を求めていく。

まず、キャロル表の男性プール利用者の欄を見ると、$a+(a+3)=17$ となることがわかる。この式を計算すると、$2a=14$、$a=7$ とわかる。

また、合計が100人なので、

$$\underbrace{z \ + \ 32 \ + \ x}_{\text{サウナを利用した人}} \ + \ \underbrace{y \ + \ \overset{7}{a} \ + \ 3 \ + \ 30}_{\text{サウナを利用しなかった人}} \ = 100 \quad \cdots ①$$

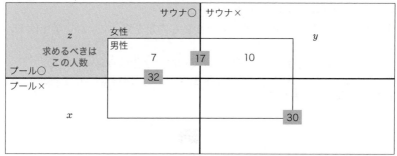

条件Bから

$x+y=23 \quad \cdots ②$

②を①に代入すると

$z+32+\underbrace{23}_{x+y}+\underbrace{7}_{a}+3+30=100$

$z=5$

よって、**正解は選択肢1**。

各要素の関係は、ア．A社から内定を受けたか、イ．B社から内定を受けたか、ウ．C社から内定を受けたか、の3点。そこでキャロル表を作成する。

ア．左右の区分　左側にA社から内定を得た学生、右側に得られなかった学生
イ．上下の区分　上側にB社から内定を得た学生、下側に得られなかった学生
ウ．内外の区分　内側にC社から内定を得た学生、外側に得られなかった学生

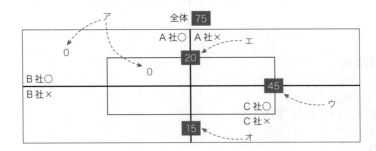

キャロル表ができたら、条件から読み取れることを書き込む。

条件アでは「A社から内定を受けた学生はB社から内定を受けていない」とあるので、左上の2つの領域に0を書き込む。
条件オでは、「B社、C社いずれの会社からも内定を受けていない学生は15人」とある。
また条件ウには、「A社から内定を受けていない学生は45人」とある。
条件エでは、「B社から内定を受けた学生は20人」とある。
以上をキャロル表に書き込む。

次に、キャロル表の空欄を計算で求める。

①全体の人数は75人、A社から内定を受けていない学生が45人なので、A社
　から内定を受けた人数は75－45＝**30**人となる。

②条件イから、「A社から内定を受けた学生はC社からも内定を受けた」ので、
　A社、C社双方から内定を受けた学生も**30**人となる。

③また、B社から内定を受けていない学生は75－20＝**55**人となる。

以上のことを表に反映させる。

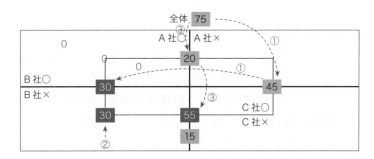

次に下図④⑤⑥とわかる。

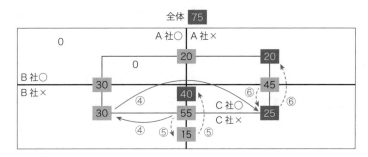

④55－30＝25

⑤55－15＝40

⑥45－25＝20

選択肢1、選択肢2、選択肢3は不明。

選択肢4は40人であるから誤り。

選択肢5は**そのとおり。**

試験でいちばん大切なのは「割り切り」

公務員の教養試験では、90〜120分の時間内で40〜45問を解答しなければならない。となると、単純計算でいけば1問あたりにかけられる時間は3分前後しかない。

ただし、実際にはまったく手がつけられないような問題（例えば、物理の勉強をしたことがなければ、物理の計算問題は見た瞬間でアウト）もある。さらにいうなら、教養試験の合格ラインは（試験によっても違うが）、だいたい5割前後であることが多い。

よって、**できそうな問題にしっかり取り組み、わかりそうもない問題には手をつけずに割り切ってしまうことも重要だ。**

苦手な領域の問題でも「もしかしたらわかるかも…」と問題文を読みたくなる気持ちもわからなくはないが、ここでは思い切って「捨てて」、できそうな問題にその時間を回したほうがよっぽど効率がよい。つまり、自分の不得意分野は思い切ってパスすることだ。

また、「う〜ん」と考えているうちに10分、15分と時間が経ってしまって、結局、「答えが出なかった」というのも避けたい。

そうなる代表格が判断推理の「暗号」問題だ。スーッと答えられる問題もあるが、そうでない問題も多い。問題を解くにあたって、2〜3分考えても規則性が見つけられないようなら、これらもパスしたほうがよい。

教養試験はけっして満点を取らなければなけないものではない。試験によっては、3〜4割程度の正解率で合格するものもある。

そんな試験をパスするのに、「割り切り」はとても重要である。

自分が受ける試験の最低合格ラインをあらかじめ押さえて、それをクリアすることを前提に、対策に臨もう！

命 題

問題は本冊136〜137ページ

練習問題1 | **答 1**

はじめに論理式にする。同時に対偶を作っておく。

A ウ → オ …①　　Aの対偶 オ̄ → ウ̄ …②

B 紅 → ウ …③　　Bの対偶 ウ̄ → 紅̄ …④

C コ̄ → 紅∧オ …⑤　　Cの対偶 紅̄∧オ̄ → コ
　　ド・モルガンの法則より 紅̄∨オ̄ → コ …⑥

D 緑 → コ̄ …⑦　　Dの対偶 コ → 緑̄ …⑧

選択肢1　④の ウ̄ → 紅̄、⑥の 紅̄∨オ̄ → コ より、ウ̄ → コ。
　　　　　⑧の コ → 緑̄ の三段論法により、ウ̄ → 緑̄。
　　　　　つまり、ウーロン茶が好きでない生徒は緑茶が好きでないといえ、
　　　　　正しい。

選択肢2　⑥より、オレンジジュースが好きでない生徒はコが好きであるから、
　　　　　誤り。

選択肢3　①の ウ → オ と③の 紅 → ウ の三段論法により、紅 → オ。
　　　　　つまり、紅茶が好きな生徒はオレンジジュースが好きであるから、**誤り。**

選択肢4　⑤の コ̄ → 紅∧オ より コ̄ → 紅。
　　　　　これと③の 紅 → ウ の三段論法により、コ̄ → ウ。
　　　　　つまり、コが好きでない生徒は、ウーロン茶が好きであるから、**誤り。**

選択肢5　⑤の コ̄ → 紅∧オ より コ̄ → 紅。
　　　　　これと⑦の 緑 → コ̄ の三段論法により、緑 → 紅。
　　　　　つまり、緑茶が好きな生徒は、紅茶が好きであるから、**誤り。**

よって、**正解は選択肢1。**

はじめに論理式にする。同時に対偶を作っておく。

ア　釣り → 読書　…①　　　　　　　対偶：読書 → 釣り　…②
イ　読書 → 写真撮影　…③　　　　　対偶：写真撮影 → 読書　…④
ウ　ゲーム → 映画鑑賞　…⑤　　　　対偶：映画鑑賞 → ゲーム　…⑥
エ　写真撮影 → 映画鑑賞　…⑦　　　対偶：映画鑑賞 → 写真撮影　…⑧

選択肢1　「釣りを趣味とする人」から始まる論理式は①だけなので、①から始まる三段論法の式を検討する。
　　　　　しかし「ゲームを趣味としている」を結論とはできないため、**確実にはいえない**。

選択肢2　③の 読書 → 写真撮影 と、⑦の 写真撮影 → 映画鑑賞 の三段論法により、読書 → 映画鑑賞。
　　　　　つまり、読書を趣味とする人は映画鑑賞を趣味としているので、**誤り**。

選択肢3　⑧の 映画鑑賞 → 写真撮影 と、④の 写真撮影 → 読書 の三段論法により、映画鑑賞 → 読書。
　　　　　つまり、映画鑑賞を趣味としていない人は、読書を趣味としていないので、**誤り**。

選択肢4　④の 写真撮影 → 読書 と、②の 読書 → 釣り の三段論法により、写真撮影 → 釣り。
　　　　　つまり、写真撮影を趣味とする人は、釣りを趣味としていないといえるので、**正しい**。

選択肢5　「ゲームを趣味とする人」から始まる論理式は⑤の ゲーム → 映画鑑賞 だけだが、次の「映画鑑賞を趣味とする人」から始まる論理式がないため、三段論法をつなげられない。
　　　　　よって、選択肢5は**確実にはいえない**。

よって、**正解は選択肢4**。

28 暗 号

問題は本冊140〜141ページ

練習問題1 | **答 4**

「晴海」は「はるみ」と3文字にする。暗号は数字4つで1文字になると考えると、下記の対応関係であることが予想できる。

は	る	み
1033	1236	1143

う	え	の
1201	2210	0505

変換の規則性を見つけるために、50音表を作成する。対応する位置に暗号を書き込む。

	あ	か	さ	た	な	は	ま	や	ら	わ
あ						1033				
い							1143			
う	1201								1236	
え	2210									
お						0505				

この暗号表で規則を見つけようとしても、簡単には見つからない。

「は」「み」「う」「る」の部分のはじめの2桁は、「**10**」「**11**」「**12**」。そこで、数字の上2桁が母音(あいうえお)を表わすと推測する。
この場合、「え」段は「**22**」、「お」段は「**05**」となる。

上2桁		あ	か	さ	た	な	は	ま	や	ら	わ
10	あ						1033				
11	い							1143			
12	う	1201								1236	
	え	2210									
	お						0505				

解読する暗号は、「2223 1118 0116」である。
予想どおり上2桁が母音を表わすとしたら、どうなるかを記入すると

2223	1118	0116
え段	い段	?

となり、うまくいかないので、さらに別の規則性を考える。母音に注目して再度書き出して探す。
すると、上2桁の数字を足すと規則的に数字が並ぶ。

あ段	10	$1+0=1$
い段	11	$1+1=2$
う段	12	$1+2=3$
え段	22	$2+2=4$
お段	05	$0+5=5$

この法則で考えると

2223	1118	0116
え段	い段	? ◄

———— この部分は$0+1=1$となり、「あ段」になる

1	大田	→	おおた	→	お段	お段	あ段
2	豊島	→	としま	→	お段	い段	あ段
3	中野	→	なかの	→	あ段	あ段	お段
4	練馬	→	ねりま	→	え段	い段	あ段
5	港	→	みなと	→	い段	あ段	お段

よって、**正解は選択肢4**。

まず、原文と暗号がどのように対応しているのかを考える。

本問では原文の「ベネズエラ」というカタカナ5文字が、暗号では3文字1組で「D02、I14、M26、S00、U18」の5組で表わされている。原文「リトアニア」も同様。したがって、原文でのカタカナ1文字が、暗号での3文字1組に対応していると予測できる。

次にカタカナをローマ字に変換する。カタカナを暗号に変える問題では、ローマ字に変換するとうまく解ける場合が多い。本問でもローマ字に変換する。

ローマ字	BE	NE	ZU	E	RA
暗号	D02	I14	M26	S00	U18

ローマ字	RI	TO	A	NI	A
暗号	B18	J20	K00	Q14	U00

この表から、ローマ字の「E」や「A」のような母音では、暗号の数字の部分が「**00**」となっていることがわかる。

このことから、暗号の数字の部分はローマ字の子音を表わしていると予測できる。

そこで、暗号の数字の部分の法則を考えてみる。

数字のうち、最大の数は「ZU」の「**26**」。26は**アルファベット**の数と一致している。また、数字が26のとき、子音は26番目のアルファベット「**Z**」になっている。したがって、暗号の数字は子音のアルファベットの番号を表わしていると予測する。

確かめてみると、「02」=「**B**」や「14」=「**N**」のようにすべて一致する。

よって、この規則性は正しいと断定できる。

ローマ字	**B**E	**N**E	**Z**U	E	**R**A
暗号	D**02**	I**14**	M**26**	S00	U**18**

続いて、暗号のアルファベットの部分の法則を考える。

暗号の数字が子音を表わしていたので、アルファベットは母音を表わしていると推測できる。

ここで、もう一度ローマ字と暗号を比較してみると「リトアニア」では、3文字目と5文字目が同じ「A」なのに、暗号のアルファベットが異なることに気づく。

ローマ字	RI	TO	**A**	NI	**A**
暗号	B18	J20	**K**00	Q14	**U**00

このことから、同じ文字でも何文字目かによって、表わし方が異なると予測できる。
そこで、「ベネズエラ」と「リトアニア」の1文字目同士を比較してみる。

まず、1文字目の「BE」＝「D02」と「RI」＝「B18」を比較する。
それぞれのローマ字の母音である「E」と「I」は、母音「A、I、U、E、O」の並び
順が2つ違いだとわかる。
また、暗号のアルファベットの部分である「D」と「B」も「A、**B**、C、**D**、E…」の
並びの中で2つ違いになっている。
このことから、暗号のアルファベット「A、B、C、D、E」は
ローマ字の母音「A、I、U、E、O」に対応していると推測できる。

同様に、2文字目の「NE」＝「I14」と「TO」＝「J20」を比較する。
ローマ字の母音である「E」と「O」は母音の並びの中で1つ違い。
また、暗号のアルファベット「I」と「J」も1つ違いである。
したがって、ここではアルファベット「F、G、H、I、J」が、
ローマ字の母音「A、I、U、E、O」に対応していると推測できる。

以下、同じように考えると、
3文字目は「**K、L、M、N、O**」、
4文字目は「**P、Q、R、S、T**」、
5文字目は「**U、V、W、X、Y**」
が、それぞれ「A、I、U、E、O」に対応することとなる。

この法則に基づいて「コロンビア」を暗号にする。
「コロンビア」の「ン」は保留にして「コ」「ロ」「ビ」「ア」を暗号にすると
「**E11**」「**J18**」「**Q02**」「**U00**」となる。

ローマ字	KO	RO		BI	A
暗号	E11	J18		Q02	U00

「KO」の「O」はA、B、C、D、Eの「E」に対応。
「RO」の「O」はF、G、H、I、Jの「J」に対応。
「BI」の「I」はP、Q、R、S、Tの「Q」に対応。

「ン」以外を選択肢でみると、正解は選択肢**3**とわかる。
よって、**正解は選択肢3。**

練習問題1 | 答 **3**

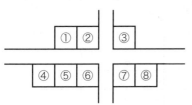

各条件を入れていく。条件アからAは②、③、⑥、⑦のいずれかである。
条件イからBはAの位置それぞれにつき、2つの可能性がある（例えばAが②とすると、Bは③か⑥）。
これらの場合分けを図上に書き込むのは混乱して難しい。そこで、以下のように場合分けをしていく。

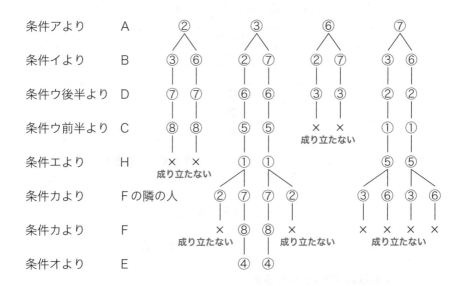

条件アより	A	②	③	⑥	⑦
条件イより	B	③ ⑥	② ⑦	② ⑦	③ ⑥
条件ウ後半より	D	⑦ ⑦	⑥ ⑥	③ ③	② ②
条件ウ前半より	C	⑧ ⑧	⑤ ⑤	× ×　成り立たない	① ①
条件エより	H	×　×　成り立たない	① ①		⑤ ⑤
条件カより	Fの隣の人	② ⑦	⑦ ②		③ ⑥ ③ ⑥
条件カより	F	×　成り立たない	⑧	⑧　×　成り立たない	×　×　×　×　成り立たない
条件オより	E		④ ④		

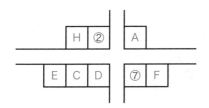

以上より、左図まで確定できる。
②と⑦は、**B**と**G**もしくは**G**と**B**となる。

よって、**正解は選択肢3**。

円卓のほうを向いて座っている者と、円卓を背にして座っている者では、「右隣」と「左隣」が逆になる。まず、全員が円卓のほうを向いて座っているとして、それぞれの発言から位置関係を整理すると、次のようになる。

その隣	左隣	発言者	右隣	その隣
		A	C	F
	D	B	E	
D	F	C		
	F	D	B	
	A	E	B	

次に、この中で**順序が矛盾しているところ**を探す。
・Aの発言とCの発言では、CとFの位置が逆。 ◄────── AはCF、CはFC
・Dの発言とEの発言では、Bの左隣が違う。 ◄────── DはDB、EはEB

その隣	左隣	発言者	右隣	その隣
		A	**C**	**F**
	D	B	E	
D	**F**	**C**		
	F	**D**	B	
	A	**E**	B	

以上から、円卓を背にして座っているのは、「**AかC**」と「**DかE**」のどちらか1人ずつであること、また、**BとF**は確実に円卓のほうを向いて座っていることがわかる。

この時点で、正解はB、Fのない選択肢**2**か**4**に絞られる。

ここで、円卓のほうを向いているBの発言を見ると、EとBの順序についてEの発言と矛盾しているので、Eにとっての左右は**Bと逆**であり、Eは円卓に背を向けて座っていることがわかる。

よって、**正解は選択肢にEのある4**となる。

なお、残りの席順を確定させるため、確実なB、D、Eの左右逆の発言からあてはめると、左図になる。これに矛盾する**C**が円卓を背にして座っていることになる。よって、この図の空欄に入るのは**C**となる。

30 発言推理

問題は本冊149ページ

練習問題1 答 **2**

ア、イ、ウ、エの発言から順序を整理すると、以下のとおり。

	早い ◀						▶ 遅い
ア	E	>	A	>	D	>	>
イ					D	>	C	> A
ウ			B	>	D	>	E
エ			C	>	E	>	A

イ、ウ、エの発言には整合性があるのに対し、
アの発言だけはAとDの順序についての**イ**の発言と矛盾しており、DとEの順序についての**ウ**の発言と矛盾している。
このことから、誤った発言は**ア**だとわかる。

次に、正しい発言から順序を考える。正しい発言であるイ、ウ、エの順序を合わせていく。

ウ「B＞D＞E」とイ「D＞C＞A」から次の3通りが考えられる。

① B＞D＞E＞C＞A
② B＞D＞C＞E＞A
③ B＞D＞C＞A＞E

①～③の3通りのうち、エ「C＞E＞A」を満たすのは②だけなので、
「B＞D＞C＞E＞A」であることがわかり、全員の順序が決まる。

最後に、「B＞D＞C＞E＞A」の順序と選択肢を確認すると、
確実にいえるのは「2番目に到着したのはD」という選択肢**2**だけである。
よって、**正解は選択肢2。**

判断推理

位置関係／発言推理

Aは「わからない」と答えていることから、Aに見えているBとCのカードの色を判断する。
わからない場合を判断するために、逆にAが自分のカードの色を「わかる」場合があるかを検討する。

条件を確認しておくと、

条件ア「カードの色は赤か黒で、3枚のうち少なくとも1枚は赤である」
から、カードの色の組み合わせは次の3パターンが考えられる。
（赤・黒・黒）（赤・赤・黒）（赤・赤・赤）

条件イ「3人とも自分のカードの色は見えないが、他の2人のカードの色は見える」
これを前提にAが自分のカードの色が「わかる」場合がありうるかを検討する。

B、Cのカードの色の可能性は以下の4通り。

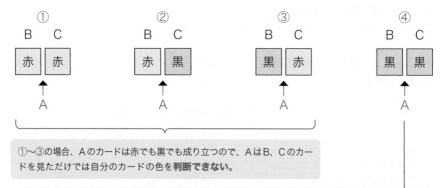

①～③の場合、Aのカードは赤でも黒でも成り立つので、AはB、Cのカードを見ただけでは自分のカードの色を**判断できない**。

④の場合、条件アの「**3枚のうち少なくとも1枚は赤である**」という条件から、Aのカードは黒ではなく赤になる。したがって、この場合Aは自分のカードの色がわかるはず。
以上から、Aが「わからない」と答えたのは、BとCのカードの色が①～③の場合であることがわかる。

条件エ「Bは見えるカードとAの発言を根拠に推理する」より、Aが「わからない」と発言しているので、上記④ではないことをBもわかっている。
つまり、Aから見たとき、「B黒・C黒」ではなく①～③のどれかであることを前提にしてBは推理する。
BはCのカードが見えているので、場合分けをして考える。

Cが黒の場合	②の場合であるのでBのカードの色は**赤**のはず。この場合、Bは「わかった」ということになる。
Cが赤の場合	Bのカードの色は赤と黒のどちらもありうるので、Bは「わかった」とは答えられないはずである。よって、この場合は**あり得ない**。

以上より、Bが「わかった」と答えたのは、**B赤、C黒**の場合とわかる。
Bが「わかった」と答えられるのは、Bから見て**Cのカードが黒**のときだけなので、それを聞いたCは自分のカードが黒であることがわかる。

以上のように**B赤**、**C黒**が決まるが、Aのカードの色はア～オの条件だけでは決め手がなく、赤も黒もありうる。
よって、**正解は選択肢2**。

折り紙

問題は本冊154〜155ページ

練習問題1 **答 4**

折りたたんだ紙を1つずつ展開していく。

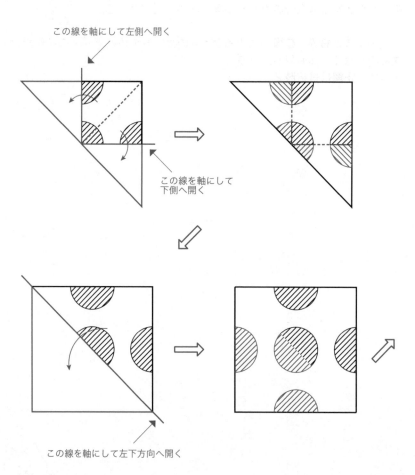

この線を軸にして左側へ開く

この線を軸にして
下側へ開く

この線を軸にして左下方向へ開く

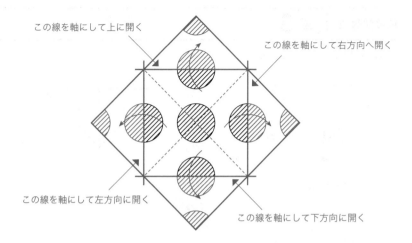

この線を軸にして上に開く

この線を軸にして右方向へ開く

この線を軸にして左方向に開く

この線を軸にして下方向に開く

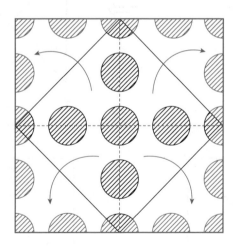

以上より、**正解は選択肢4**。

(1)まず折りたたんだ紙を開く

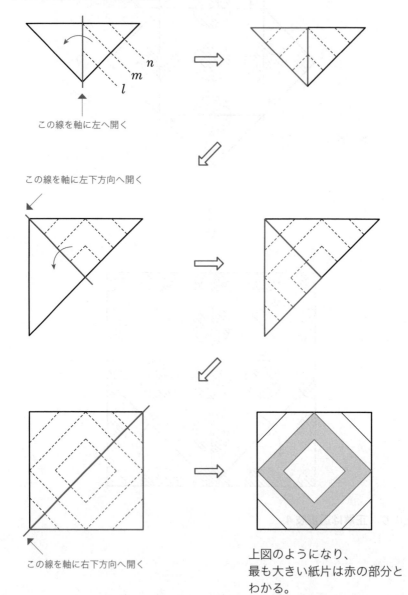

この線を軸に左へ開く

この線を軸に左下方向へ開く

この線を軸に右下方向へ開く

上図のようになり、
最も大きい紙片は赤の部分と
わかる。

(2)赤の部分の面積を求める

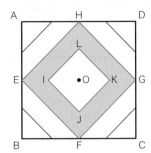

△HEGの面積から
△LIKの面積を引いて2倍すればよい。
△HEGの面積は、
底辺EG(=8cm)、高さHO(=4cm)ゆえ、

$$8 \times 4 \times \frac{1}{2} = \textbf{16}$$

直線EGをI、O、Kで4等分にしているので、△LIKの底辺IK(=4cm)とわかる。

また、△LOKと△HOKは相似な三角形であり、
OK(=2cm)、OG(=4cm)ゆえ、相似比**1：2**
よって、LO＝2cmとわかる。

したがって、△LIKの面積は、

$$4 \times 2 \times \frac{1}{2} = \textbf{4}$$

△HEG－△LIK＝16－4＝**12**
同様にして、△FGE－△JKI＝16－4＝**12**

以上より、赤の部分の面積は、12＋12＝**24**cm^{2}とわかる。

以上より、**正解は選択肢3**。

サイコロの問題

問題は本冊159ページ

練習問題 1 | 答 **4**

---

(1)サイコロに下図のように番号をつける

Ⅰのサイコロを真上から見た図を作成する。

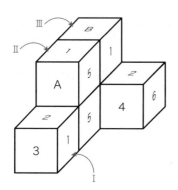

サイコロⅠ

図1-1

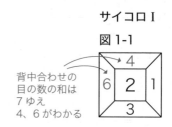

背中合わせの
目の数の和は
7ゆえ
4、6がわかる

これが本問のサイコロである。

(2)サイコロⅡを真上から見た図を作成する

図2

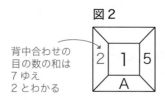

背中合わせの
目の数の和は
7ゆえ
2とわかる

このサイコロの天井部は1、底面は6である。よって、Aとその背中合わせの数は、**3**と**4**の組み合わせである。

(1)のサイコロⅠと同じサイコロなので、数字の配列を探る。

サイコロⅠ

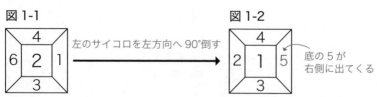

図1-1　　　　　左のサイコロを左方向へ90°倒す　　　図1-2

底の5が
右側に出てくる

上記のようにすると、真上から見たときの数字は左2、真ん中1、右5となる。
これは図2（サイコロⅡ）と同じ配列である。

よって図2(サイコロⅡ)のA＝**3**、
その背中合わせの面が**4**とわかる。

図2

(3)サイコロⅢを真上から見た図を作成する

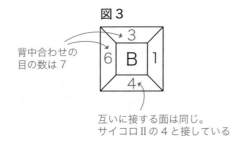

図3

背中合わせの
目の数は7

互いに接する面は同じ。
サイコロⅡの4と接している

図1-1

縦ライン

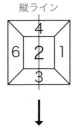

図1-1のサイコロⅠを上記サイコロⅢの目の並びになるよう
に回転させる。
図3のサイコロⅢに合わせるために左図の縦のライン「4－2
－3」を、上が3、下が4となるように下向きに2回転がす。

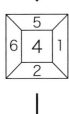

左図のような配列になるので、図3のBは**5**とわかる。

以上より、A＝**3**、B＝**5**ゆえ、AとBの和は**8**。
よって、**正解は選択肢4**。

図Ⅰ、図Ⅱの平面サイコロを作る。

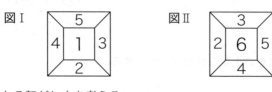

図Ⅰ　　　　　　　　　　　図Ⅱ

図Ⅰが図Ⅱになる転がし方を考える。
「3」の目に着目してみる。
①図Ⅰを左へ90°回転
②それを上側へ90°回転
③さらに左へ90°回転

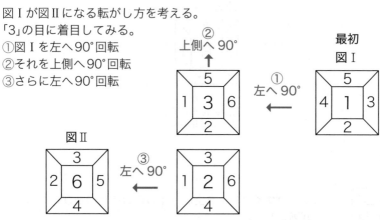

これで、図Ⅱの状態が完成する。
つまり、サイコロの転がし方は ①左 → ②上側 → ③左 の順番になる。
この転がし方に沿って図Ⅲを転がす。ここでは以下のように、図Ⅲの上段のサイコロ4つをA～Dとし、下段のサイコロ4つをE～Hとする。

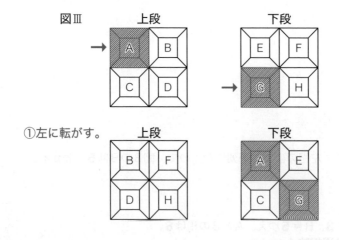

②上側に転がす。

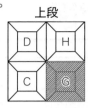

上段

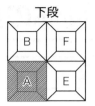

下段

③左に転がす。

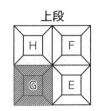

上段

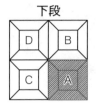

下段

図Ⅲに矢印で示されたサイコロは、**AとG**。

そこでAとGを取り出し、目の状況を確認する。

図ⅠをAとGに合わせてみるために、以下のように回転してみる。

G

図Ⅰを時計回りに
90°回転させると

他の面と接しているのは
4、5と底面の6

A

図Ⅱを時計回りに
180°回転させると

他の面と接しているのは
4、5と上面の6

以上より、これらの数の合計は、$(4＋5＋6) \times 2 ＝ 30$ となる。

よって、**正解は選択肢5**。

練習問題 1 ｜ 答 2

正八面体の展開図は…

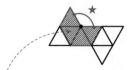　

展開図を回転させる。

120°回転させる
ことができる

この頂点をつまんで引っ張りあげると★
の辺がくっついて完成形の上側の部分を
作る

「A」の向きにも注意

問題文の展開図に書き込まれている太線の入り方は2種類ある。

①正三角形をヨコに切るパターン　　②正三角形をタテに切るパターン

②のパターンは1か所しかないので、そこに着目する。

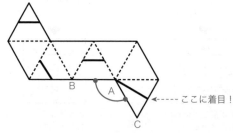

ここに着目！

Aを頂点としてつまんでAB、ACをくっつけると、
正八面体の上側の部分を作ることができる。
それを真上から見た図として書く。

選択肢を検討する。よって、**正解は選択肢2。**

練習問題 2 | 答 2

「正十二面体」の特徴として、次のことを覚えておく。
① 展開図のおおよその形
② 展開図の各正五角形は 36° 回転させることができる
③ 隣同士の辺は重なる
④ 下の展開図のAとBは平行である

AとBは平行になる

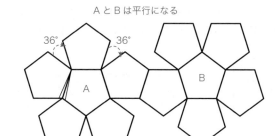

どの辺とどの辺が重なるかを書き込む。

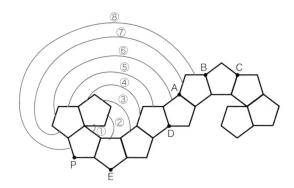

2辺のなす角が最小となる2辺(隣の辺)は重なるので、まずは①が重なる。
重なった辺それぞれの隣の辺同士も重なるので、②も重なる。
その重なった辺それぞれの隣の辺同士も重なり、以降、それを繰り返すので、
③〜⑧が重なる。
点Pと接するのは点**B**だとわかる。
よって、**正解は選択肢2**。

平面構成

練習問題 1 | 答 **5**

与えられた4つの紙片のうち、裏返すことなく回転・移動しているかを判断しやすい紙片を探す。

すると、まず目につくのが、斜線部の直角三角形である。そして、この直角三角形を裏返さずに90°ずつ回転させていくと、次の4種類ができる。

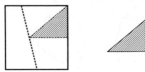 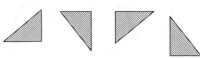

それぞれの選択肢に含まれる直角三角形を見ると、選択肢1、3、4の直角三角形は上の4つのうちのいずれにもあてはまらないので、これら3つの選択肢は**不適**ということになる。

次に、斜線部の台形についても同様に考えてみると、次の4種類ができる。

ここで、残った選択肢2、5を見てみると、選択肢2の台形は、この4つの台形のいずれにもあてはまらないので**不適**である。

よって、**正解は選択肢5**。

A〜Eを見ると、三角形が複数組み合わさっているようなので、三角形のピースにうまく分割できないか考えてみる。

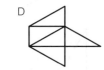

 の数は

A…6枚　　　B…5枚　　　C…7枚　　　D…5枚　　　E…3枚

また、完成させる図のほうも で分割すると、

下図のとおり、**20**枚の三角形で構成されている。

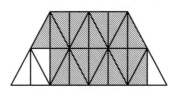

A〜Eの4枚で が20枚となる組み合わせを考えると、

B＋C＋D＋E＝20枚しかない。

以上より、**A**は必要ではない。
よって、**正解は選択肢1**。

35 軌 跡

練習問題 1 ┃ 答 3

軌跡の図の書き方に従って点Pの軌跡を書く。

① 直角三角形を回転させ、
　線にぶつかって止まったところの図を書く。

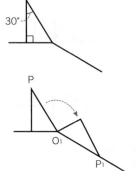

② 新しい図の中で、点Pを探し、P_1 と書く。

③ 図を回転させたときの
　回転の中心を探し、O_1 とする。

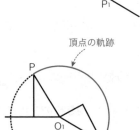

④ 回転の中心 O_1 と
　P、P_1 をそれぞれ直線で結ぶ。

⑤ 中心を O_1、
　半径 O_1P、O_1P_1 の円弧を書く。

P→P_1 の軌跡の長さを求めておく。P→P_1 は O_1 を中心とする半径 O_1P、O_1P_1 の円の円周の一部なので、円 O_1 の中心角150°の扇形の円弧の長さを求める。

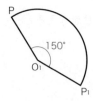

> ・中心角150°
> ・半径 $O_1P = 2a$
> であることは問題に、条件
> として提示されている。

$$\underset{\text{直径}}{\underline{2a}} \times 2 \times \pi \times \frac{150}{360} = \frac{5a}{3}\pi$$

三角形の各辺の長さが必要となるので求めておき、前記作業を繰り返していく。

この三角形は、30°・60°・90°の直角三角形なので、
各辺の長さの比は
PR：RQ：QP ＝ 2：1：$\sqrt{3}$
PRは2aなので、RQ ＝ a、PQ ＝ $\sqrt{3}\,a$

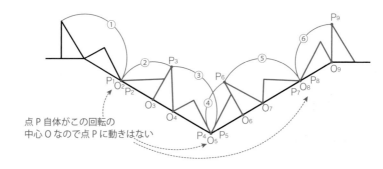

点P自体がこの回転の
中心Oなので点Pに動きはない

①は前述のとおり $\dfrac{5a}{3}\pi$

②円O_3（半径$\sqrt{3}\,a$）の中心角90°の扇形の円弧の長さ

$$\sqrt{3}\,a \times 2 \times \pi \times \frac{90}{360} = \frac{\sqrt{3}\,a}{2}\pi$$

③円O_4（半径2a）の中心角120°の扇形の円弧の長さ

$$2a \times 2 \times \pi \times \frac{120}{360} = \frac{4a}{3}\pi$$

④円O_6（半径$\sqrt{3}\,a$）の中心角90°の扇形の円弧の長さ

$$\sqrt{3}\,a \times 2 \times \pi \times \frac{90}{360} = \frac{\sqrt{3}\,a}{2}\pi$$

⑤円O_7（半径2a）の中心角120°の扇形の円弧の長さ

$$2a \times 2 \times \pi \times \frac{120}{360} = \frac{4a}{3}\pi$$

⑥円O_9（半径$\sqrt{3}\,a$）の中心角120°の扇形の円弧の長さ

$$\sqrt{3}\,a \times 2 \times \pi \times \frac{120}{360} = \frac{2\sqrt{3}\,a}{2}\pi$$

①〜⑥を足すと、

$$\frac{5a}{3}\pi + \frac{\sqrt{3}\,a}{2}\pi + \frac{4a}{3}\pi + \frac{\sqrt{3}\,a}{2}\pi + \frac{4a}{3}\pi + \frac{2\sqrt{3}\,a}{3}\pi$$

$$=\frac{10a}{6}\pi + \frac{3\sqrt{3}\,a}{6}\pi + \frac{8a}{6}\pi + \frac{3\sqrt{3}\,a}{6}\pi + \frac{8a}{6}\pi + \frac{4\sqrt{3}\,a}{6}\pi$$

$$=\frac{10a + 3\sqrt{3}\,a + 8a + 3\sqrt{3}\,a + 8a + 4\sqrt{3}\,a}{6}\pi$$

$$=\frac{26a + 10\sqrt{3}\,a}{6}\pi$$

$$=\frac{13a + 5\sqrt{3}\,a}{3}\pi$$

$$=\left(\frac{13}{3} + \frac{5\sqrt{3}}{3}\right)a\pi$$

よって、**正解は選択肢3。**

練習問題 2 | 答 **3**

点Pは点Qの2倍の速さで動くので、以下のようになる。

	①	②	③	
点Q	$\dfrac{1}{4}$ 周	$\dfrac{1}{2}$ 周	$\dfrac{3}{4}$ 周	…
点P	$\dfrac{1}{2}$ 周	1 周	$\dfrac{3}{2}$ 周	…

上表の①〜③を図に描き、中点Mの位置を探す。

①

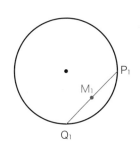

点Pが $\dfrac{1}{2}$ 周、

点Qが $\dfrac{1}{4}$ 周移動したところを

それぞれP₁、Q₁として、中点M₁を描くと
左図のとおり。
このM₁を手掛かりに選択肢をチェックすると、選択肢1、4、5は**誤り**とわかる。

②

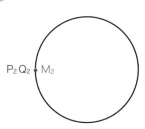

点Pが1周した点をP₂、

点Qが $\dfrac{1}{2}$ 周した点をQ₂とする。

このときはP₂とQ₂が重なる。
よって中点M₂も重なる。
残った選択肢2と3を見ると、選択肢2は
M₂を反映しておらず**誤り**とわかる。

以上より、**正解は選択肢3。**

練習問題 1 | 答 5

(1)選択肢から違いを確認する

選択肢の違いを把握することでチェックすべき点をはっきりさせる。
まず、選択肢3とそれ以外で違うのが下図の部分。

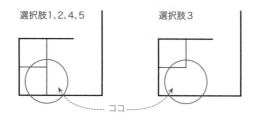

(2)多数決であたりをつける

選択肢1、2、4、5は図の左側なので、ひとまず左側として、
選択肢1、2、4、5の違いを探す。

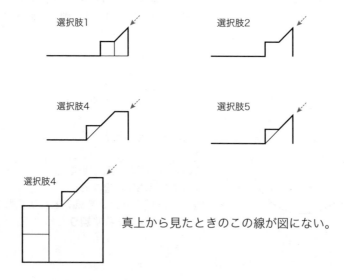

真上から見たときのこの線が図にない。

選択肢4以外はとがっているので、ここでもひとまず、選択肢1、2、5を検討する。
正面から見た図の下の〇の部分に注目する。

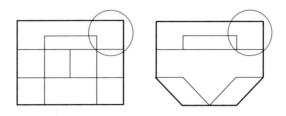

すると、選択肢1、2はあり得ないことがわかる。

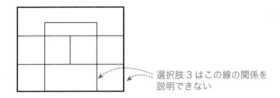

選択肢3はこの線の関係を
説明できない

よって、**正解は選択肢5**。

練習問題 2 ｜ 答 **5**

まず、軸1で回転させる。

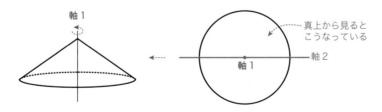

真上から見ると
こうなっている

これを軸2で回転させると、球体になる。
よって、**正解は選択肢5**。

どの順番で解いていくかが大切

制限時間90〜120分の中で40〜45問の問題に答えるには、どの順番で解くかを検討することも重要である。試験では1問目から順に解く必要はない。よって、**どういう順番で解くのが自分にとっていちばん効率的かを、あらかじめ決めておくことが大切である。**

とはいえ、これがベストという順番はない。事前に過去問や模擬試験などを試してみて、自分に合うやり方を見つけるのが得策だ。

●A君の場合

まずは「知識分野」の問題をサーッと見て、「これはできる！」というものから片づけていく。一方で、わかりそうもない問題には手をつけない。

次に、「文章理解」「資料解釈」の問題をじっくりと検討し、全問正解をめざす。

「判断推理」「数的推理」「空間把握」といった分野の問題については、全体をザーッと眺め、自分の知っている問題、解法がすぐわかった問題から解いていく。一方で、苦手な分野（例えば、「速さ」の問題）には手をつけない。

そして最後に、これまで手をつけてこなかった問題にとにかく「テキトー」にマークする。

その際、すべての解答を「選択肢3」とするのではなく、これまで解いてきた問題の解答を見て、そこであまり使われていない選択肢の番号をつけていく。

以上は、解答していく順番の一例だが、人によっては得意な「判断推理」「数的推理」「空間把握」から攻めていくという手もある。

このように、自分自身で解く順番を決めてから、本番に臨もう！

おつかれさまでした。
できなかった問題を見直して、
"合格"を目指そう！